中国移动党建宣传丛书

新动力量

创一流

——中国移动基层宣讲优秀报告集

 新动力量

本书编写组 编著

学习出版社

图书在版编目（CIP）数据

新动力量创一流：中国移动基层宣讲优秀报告集 / 《新动力量创一流》编写组编著. -- 北京 : 学习出版社, 2025. 7. -- ISBN 978-7-5147-1329-9

Ⅰ．F632.4-53

中国国家版本馆CIP数据核字第2025AA6495号

新动力量创一流
XINDONG LILIANG CHUANGYILIU
——中国移动基层宣讲优秀报告集
本书编写组　编著

责任编辑：胡　啸
技术编辑：朱宝娟
装帧设计：映　谷

出版发行：学习出版社
　　　　　北京市崇外大街11号新成文化大厦B座11层（100062）
　　　　　010-66063020　010-66061634　010-66061646
网　　址：http://www.xuexiph.cn
经　　销：新华书店
印　　刷：北京顶佳世纪印刷有限公司

开　　本：710毫米×1000毫米　1/16
印　　张：19.75
字　　数：228千字
版次印次：2025年7月第1版　2025年7月第1次印刷
书　　号：ISBN 978-7-5147-1329-9
定　　价：75.00元

如有印装错误请与本社联系调换，电话：010-66064915

宣传思想文化工作事关党的前途命运,事关国家长治久安,事关民族凝聚力和向心力,是一项极端重要的工作。

——习近平

打造网信领域创新高地

中共中国移动通信集团有限公司党组

"没有信息化就没有现代化"。网络信息技术是创新驱动发展的先导力量，网络信息产业是国民经济和社会发展的基础性行业，是国际竞争和未来发展的战略前沿。习近平总书记高度重视网信领域科技创新，作出一系列重要论述和重要指示批示，为相关行业企业强化科技创新主体地位，在推进高水平科技自立自强、建设现代化产业体系、发展新质生产力等方面争当排头兵，提供了根本遵循。中国移动通信集团有限公司（以下简称"中国移动"）牢记总书记殷殷嘱托，锚定世界一流信息服务科技创新公司发展定位，勇当建设科技强国、网络强国、数字中国主力军，努力为推进中国式现代化注入澎湃数智动能。

一、把科技创新作为提高核心竞争力的关键动力

从曾经的电报、电话、传真、广播，到今天的移

动网络、卫星通信、万物互联，信息通信业由信息技术创新孕育而生，伴随技术演进成长壮大，具有天然的创新基因。我国信息通信事业从革命烽火中的"半部电台"起家，历经从模拟到数字、从固定到移动的变迁，一路在发展中创新、在创新中发展。

对网信领域的科技创新，习近平总书记十分关心、寄予厚望。总书记从信息化发展大势和国内国际大局出发，提出一系列具有开创性的新理念新思想新战略，指出"当今世界，信息化发展很快，不进则退，慢进亦退"，强调"网络安全和信息化是事关国家安全和国家发展、事关广大人民群众工作生活的重大战略问题"，"网信事业代表着新的生产力和新的发展方向"，要求"加快推进网络信息技术自主创新"，"争取在某些领域、某些方面实现'弯道超车'"。总书记的重要论述，深刻回答了事关网信事业发展的一系列重大理论和实践问题，引领我国网络安全和信息化事业取得重大成就，信息化驱动引领作用有效发挥，网络强国建设迈出新步伐。我国发展成为全球最大的互联网市场，2025年一季度信息传输、软件和信息技术服务业增加值增长10.3%，网信领域科技创新已成为建设现代化产业体系、促进经济社会高质量发展的重要驱动力。

当前，新一轮科技革命和产业变革深入发展，技术创新密集活跃。在网信领域，互联网发展日新月异，

◎ 中国移动研发的可重构5G射频收发芯片"破风8676"（合成图）。该芯片在国内外无线基站领域的商用，实现了科技创新成果从"书架"到"货架"的快速应用转化

信息化浪潮蓬勃兴起，人工智能、云计算、大数据等新一代信息技术风起云涌，催生新产业、新模式、新动能，信息科技创新红利深刻改变着人们的生产生活。随着经济社会发展进入数字化、网络化、智能化新阶段，信息能量、新一代信息技术、信息服务体系和社会运行体系的作用日益凸显，网信领域技术密集、辐射面广的特点愈发突出，成为全球研发投入最集中、创新最活跃、应用最广泛、辐射带动作用最大的技术创新领域。

带着我国信息通信业科技创新的基因，中国移动诞生于千禧之年。历经"以市场换技术"的成长洗礼，中国移动努力提高科技创新能力，在3G时代突破具有自主知识产权的第三代移动通信系统标准研发瓶颈。新时代以来，从实现中国主导的 4G 技术在全球规模应用，推动共享经济、平台经济高速增长；到推动相关通信技术在 5G 时代占据重要地位，促进相关产业链发展、成熟；再到以使用一代、建设一代、研发一代的理念，加快 6G 技术源头创新，中国移动从小到大、从大到强，把科技创新这个"关键变量"转化为"最大增量"。目前，中国移动已建成覆盖全球、技术领先、性能优越的 5G 网络，拥有近 700 万个基站，其中 5G 基站 250 余万个、全球占比超 30%，5G-A（全称"5G-Advanced"，即 5G 技术的演进版本）覆盖全国所有城市，5G 网络上珠峰、下矿井、达边疆、进工厂、入海港、到田间。面对新形势新任务，我们将坚持走中国特色自主创新道路，把科技创新作为提高核心竞争力的关键动力、增强核心功能的重要保障，加快建设靠创新进、靠创新强、靠创新胜的现代新央企，更好服务党和国家事业发展大局。

二、以关键核心技术创新推动高水平科技自立自强

科技自立自强是国家强盛之基、安全之要。网信领域关键核心技术垄断性强、复杂性高，不仅对产业发展有至关重要的影响，而且关系到我国发展数字经济、新质生产力的信息基础设施建设，关系到信息主

权和战略安全。从全球看，世界大国均把信息化作为国家战略重点和优先发展方向，网信领域成为全球技术创新的竞争高地；从国内看，中华民族伟大复兴战略全局与信息革命时代潮流正在历史性交汇。

这是必须抓住的历史机遇，更是必须面对的变革挑战。关于推动信息化、数字化，习近平总书记强调要"牵住数字关键核心技术自主创新这个'牛鼻子'"，指出"建设网络强国，要有自己的技术，有过硬的技术"，希望"我国网信领域广大企业家、专家学者、科技人员要树立这个雄心壮志，要争这口气，努力尽快在核心技术上取得新的重大突破"。新时代以来，以习近平同志为核心的党中央深刻把握全球科技竞争格局，引领我国信息通信基础设施建设步伐持续加快，网信领域核心技术自主创新不断取得突破，信息通信业在全球形成竞争优势和领先地位。

关键核心技术是要不来、买不来、讨不来的。只有以关键共性技术、前沿引领技术、颠覆性技术等科技创新为突破口，敢于走前人没走过的路，努力实现技术自主可控，才能把创新主动权、发展主动权牢牢掌握在自己手中。近年来，中国移动围绕国家所需、产业所趋，全力提升原始创新能力，加快攻关网信产业底层技术和"卡脖子"技术，第四代移动通信系统（TD-LTE）关键技术与应用、第五代移动通信系统（5G）关键技术与工程应用先后获得国家科学技术进步奖特等奖、一等奖，有效专利总量稳居全球运营商第一，成为少数能向美日欧收取专利费的央企之一。超前布局可能影响未来全球竞争的重大前沿技术，面向大数据、人工智能、能力中台、算力网络、6G等重点领域实施科创计划，抢占网信领域技术发展制高点。主导制定全球首个关于场景和需求的6G国际标准，在国际标准化组织第三代合作伙伴计划（3GPP）中承担首个6G标准项目主报告人，成功发射全球首颗6G架构验证星。研制国内首款可重构5G射频收发芯片"破风8676"并实现商用。这些前沿技术突破，助力我国网信领域打好关键核心技术攻坚战，推动提升国家战略科技力量。

"欲穷千里目，更上一层楼。"我们将继续提升科技创新能力和水平，加快产出一批具有全球影响力的重大原创性、标志性成果，推动我国网信领域在网络建设、技术开发、融合应用、产业发展等方面实现全方位领先。

三、推动科技创新和产业创新深度融合

科技创新是产业创新的内生动力，产业创新是科技创新的价值实现。2025年全国两会期间，习近平总书记深刻指出，"经过这些年努力，科技创新氛围浓厚，

产业创新百舸争流，两者融合势头良好"，并对进一步抓好科技创新和产业创新提出明确要求，强调"要搭建平台、健全体制机制，强化企业创新主体地位，让创新链和产业链无缝对接"。科技创新与产业创新深度融合、互促共生，对建设和完善现代化产业体系具有重要意义。

党的十八大以来，以习近平同志为核心的党中央深入推动实施创新驱动发展战略，科技创新和产业创新融合发展成效显著，一批高端化、智能化、绿色化新型支柱产业快速崛起，推动我国经济迈上更高质量、更有效率、更加公平、更可持续、更为安全的发展之路。在网信领域，越来越多创新成果从"书架"走向"货架"、从产品形成产业，科技成果驱动网信产业现代化，产业发展反哺信息科技创新。在新一代信息技术创新成果的引领下，信息基础设施正朝着高速泛在、天地一体、云网融合、智能敏捷、绿色低碳、安全可控的方向加速演进；电子商务、自动驾驶、无人工厂、智能家居等一批新业态、新模式，正与科技的新进步、新动态互促共生；科技与产业融合创新的价值，体现在通信、工作、社交、娱乐等日常生活的方方面面。

中国移动强化企业创新主体地位，扎实抓好科技创新和产业创新深度融合。一方面，着力推动信息技术在各领域的广泛应用，促进数字产业化和产业数字化良性互动。比如，创造性提出算力网络理念，实现全国规模商用；打造"梧桐大数据"平台，推动数联网成为国家数据基础设施主流技术标准之一，支撑数据要素市场健康发展。另一方面，既围绕产业链部署创新链，又围绕创新链布局产业链，推动创新链产业链资金链人才链深度融合。比如，组建"九天"人工智能团队，打造千亿参数、全栈自主可控的多模态通用大模型，布局40余款行业大模型，助力国产化人工智能产业加快成熟；依托国家级创新平台、头部高校、新型研发机构、产业合作平台等载体，促进产学研用同题共答；推进"十百千万"合作伙伴计划和子产业

◎ 中国移动实施"AI+"行动计划，发布"九天"善智多模态基座大模型，同时推出几十款自研行业大模型，为各行各业智能化转型提供支撑。图为2025年4月，中国移动在数字中国建设峰会期间发布的全新升级的"九天"人工智能基座

链"塑新计划",牵引 1400 余家企业"上链",促进产业链上下游、大中小企业在网络、终端、芯片、仪表等各环节创新从单点突破拓展为融通发展,携手打造自主可控、安全稳定、开放繁荣的战略性新兴产业集群。

同时也要看到,目前科技创新和产业创新深度融合仍然存在体制机制不顺等问题。进一步深化二者融合,必须着力构建以企业为主体、产学研用高效协同、深度融合的创新体系。中国移动将进一步强化电信运营商的"扁担"效应,一头挑起信息制造业、一头挑起互联网产业,一头拉动投资、一头促进消费,推动新一代信息技术从消费侧向生产侧加速渗透,促进5G+、AI+ 等技术能力、经济效益的规模效应充分释放。

四、以科技创新和产业创新引领新质生产力发展

习近平总书记指出,"科技创新能够催生新产业、新模式、新动能,是发展新质生产力的核心要素","科技创新和产业创新,是发展新质生产力的基本路径"。总书记的重要论述,为深刻把握科技创新、产业创新与发展新质生产力的关系提供了科学指引。

科技创新是提高社会生产力、建设现代化产业体系的战略支撑,新质生产力主要由技术革命性突破催生而成,必须以科技创新驱动生产力迭代升级。产业

创新要求推动传统产业改造升级和开辟战略性新兴产业、未来产业新赛道并重，其中，传统产业优化升级是形成新质生产力的重要支撑和途径，战略性新兴产业是形成新质生产力的主阵地，未来产业是全球创新版图和经济格局变迁中最活跃的力量。纵观历史，每一次重大科技创新和产业创新，都极大改变了人类对基础要素的利用方式。立足当下，科技创新和产业创新推动劳动者、劳动资料、劳动对象优化组合和更新跃升，促进发展以高技术、高效能、高质量为特征的新质生产力。

随着数据成为新的生产要素、算力成为新的基础能源、人工智能成为新的生产工具，新一代信息技术创新成为新质生产力发展的重要驱动之一。网信产业是支撑经济社会发展的战略性、基础性和先导性产业，既是培育和壮大新质生产力的重要领域，也是其他领域发展新质生产力的重要支撑。围绕加快发展新质生产力，中国移动系统打造以5G、算力网络、能力中台为重点的新型信息基础设施，创新构建"连接+算力+能力"新型信息服务体系，推动数字经济与实体经济深度融合。在赋能数智化生产方面，打造"5G+能源""5G+港口""5G+矿山"等多个行业标杆应用，落地5G行业商用案例超5万个，助力传统产业提升效率、增强竞争力。在赋能数智化生活方面，聚焦更好满足人们对美好数字生活的向往，持续提升信息服务质量，大力推进人工智能手机和电脑、智能网联新能源汽车、智能机器人成为覆盖"人、车、家"生活场景的信息消费"新三样"，为超10亿人、3亿家庭提供有智慧、有温度、有特色的信息服务。在赋能数智化治理方面，加快推动新一代信息技术在政务服务、城市治理、生态保护、应急保障等领域的创新应用，为31个省（区、市）、300余个地市提供公安、司法、应急、水利等领域政务信息化解决方案。

2025年的政府工作报告强调，培育6G等未来产业，扩大5G规模化应用，加快工业互联网创新发展，优化全国算力资源布局，打造具有国际竞争力的数字产业集群。这一系列重要部署，对网信领域坚持创新引领发展，推动更大范围、更深层次的质量、动力、效率提升，助力加快发展新质生产力，具有重要指导意义。中国移动将全力发动改革、创新两大引擎，更好发挥信息技术对生产力发展的放大、叠加、倍增作用，以更优质、更丰富、更有科技含量的信息服务供给，引领、创造、满足深层次信息服务需求，更好培育新质生产力、推动高质量发展。

（本文刊发于《求是》杂志2025年第11期）

前言

基层宣讲是推动党的创新理论和方针政策要求、重大决策部署深入基层一线的重要载体。习近平总书记指出，"要切实把鲜活的思想讲鲜活，把彻底的理论讲彻底，有力推动党的创新理论深入人心"，要求"加强传播手段和话语方式创新，让党的创新理论'飞入寻常百姓家'"，为做好基层宣讲工作指明了前进方向、提供了重要遵循、注入了强劲动力。

近年来，中国移动坚持以习近平新时代中国特色社会主义思想为指导，组建中国移动"新动力量"宣讲团，不断健全用党的创新理论武装全党、教育人民、指导实践工作体系，为创建世界一流信息服务科技创新公司注入强大精神动力，被中央宣传部授予"基层理论宣讲先进集体"。在中国移动基层宣讲的探索实践中，始终坚持围绕中心、服务大局，融入改革发展。紧紧围绕党中央关于科技强国、网络强国、数字中国等重大部署要求，广泛开展战略解码宣讲、"总经理讲服务"、"产品大讲堂"等活动，以小切口的鲜活宣讲全面呈现公司立足央企使命、深化合作共赢的实践经验，持续凝聚主动融入党和国家事业发展全局、抢抓机遇推进高质量发展的强大动力。始终坚持凝聚民心、激发信心，直奔基层一线。在深入调研了解基层所需的前提下，系统开展"凝聚新动力量、争创世界一流"基层宣讲活动，累计开展内外部宣讲3200余场，受众超150万人次。通过深入宣讲，解答基层困惑、回应基层关切，让基层一线心上"得劲儿"、脚下"有劲儿"。积极推进与属地政府、合作伙伴等百余家一线单位联合宣讲，构建起充满活力、协同高效的"新动力量"宣讲工作格局。始终坚持守宣之正、创讲之新，打造技术特色。积极发挥网信领域央企能力优势，把互联网思维和信息技术应用到宣讲中，依托3D建模、音色生成、深度学习等技术，结合公司"九天"大模型基座能力，打造数智宣讲员"春沐宣"；联合链上单位和社会各界打造红色"云集"平台，开辟红色文化互联网"第一入口"，实现"正能量"与"大流量"的双向奔赴。

为深入学习贯彻习近平新时代中国特色社会主义思想，在新时代新征程上讲好移动故事、聚力改革发展，编写组系统梳理了"新动力量"基层宣讲的优秀作品，整理编撰了《新动力量创一流——中国移动基层宣讲优秀报告

集》一书。藉此希望进一步深化互学互鉴，推进基层宣讲工作走深走实走心，不断积蓄高质量发展行稳致远的精神力量。站在时代的奔涌浪潮之上，中国移动将深入学习体会习近平总书记"着力让党的创新理论深入亿万人民心中，成为接地气、聚民智、顺民意、得民心的理论"的重要指示精神，持续完善基层宣讲的组织、内容、能力、传播、评价等工作体系，凝聚进一步全面深化改革的思想共识，鼓舞创世界一流信息服务科技创新公司的奋斗干劲，为以中国式现代化全面推进强国建设、民族复兴伟业注入强劲力量！

目 录

第一篇 创新理论领航向

传习八闽 / 3

大美千年 / 10

智慧文旅,"晋"见非凡 / 18

之江溯源 / 25

守护大河之洲 / 33

泡桐花开,千顷澄碧 / 41

光荣之城,出发! / 49

大平台背后的"国之大者" / 56

打造新质内容,奏响时代强音 / 63

新动力量创一流·中国移动基层宣讲优秀报告集

第二篇　科创兴企铸重器

紫金之巅 / 73

智算加速向"新" / 81

破晓、领航、前进！ / 88

铸芯强国，破风前行 / 95

无惧远征向星辰 / 102

为国建云，勇攀算网高峰 / 109

有家更有 AI / 116

共赴 AI+ 通信新征程 / 122

万物智联，聚红"芯" / 128

目 录

第三篇 为民服务暖人心

大兴安岭"嘎查"振兴的筑梦人 / **135**

我的名字 / **142**

壮乡的回响 / **149**

黔货乘"云"出山 / **156**

扎根独龙江,守护好边疆 / **163**

世界屋脊生命信号的坚守者 / **170**

"红柳精神"传天山 / **177**

一腔热血护"网安" / **184**

匠心暖人心,平凡写非凡 / **191**

第四篇　改革发展创一流

吹响数智化号角，赋能新山东建设 / **201**

打好"翻身仗"，绘就新"京彩" / **208**

一声惊雷，一路探索 / **215**

湾区潮头立，奋力"粤向前" / **221**

敢为政企，赋百业 / **229**

打响泛全联盟"终"极战 / **236**

奋力谱好投资新乐章 / **243**

潮起金融万物生 / **249**

移动血脉，青年见证、青春传承 / **255**

目录

第五篇 红色传承耀初心

激荡的电波 / **267**

重　担 / **269**

科学的千里眼顺风耳 / **271**

护航大国路 / **273**

时代的通信战士 / **275**

碗里的梦 / **277**

AI 赋能，闪耀初心 / **279**

心连接，近民心 / **281**

第一篇

创新理论领航向

旗帜引领方向，理论指引道路。中国移动认真学习贯彻习近平新时代中国特色社会主义思想，持续巩固拓展主题教育成果，把党的创新理论和公司具体工作相结合，在理论与实践的结合中，不断深化对中国之问、世界之问、人民之问、时代之问（简称"四个之问"）的理解。本篇章汇聚中国移动关于党的创新理论方面的优秀作品，循迹溯源感悟新思想的萌发、实践、发展历程，充分展示中国移动领悟践行新思想、勇担职责使命、融入国家发展战略、加速发展新质生产力、全力推进高质量发展的生动实践。

传习八闽

福建是习近平新时代中国特色社会主义思想的重要孕育地、实践地。中国移动福建公司（以下简称"福建公司"）深刻把握党的二十届三中全会重大意义和重要成果，将党的创新理论和公司具体工作相结合，在闽东宁德，践行"四下基层"创建海上营业厅；在闽西龙岩，创新"万路工程"开展乡村振兴；在闽南泉州，传承"晋江经验"赋能地方民企数智建设；在闽北南平，坚守"魂脉"与"根脉"组建"移特派"等，都是福建移动人传习习近平新时代中国特色社会主义思想的典型缩影。在未来，福建公司将以更加饱满的热情、更加坚定的信念，为奋力推进中国式现代化福建实践贡献移动力量。

福建，是一片充满红色记忆的热土。习近平总书记在闽工作生活的 17 年半时间里，作出了一系列极具前瞻性、开创性、战略性的实践探索和理念创新。这些思想与实践，承载着中国共产党人的初心和使命，已深深镌刻在八闽大地和福建人民心中。福建公司扎根本土，充分发挥独特优势，深入学习宣传贯彻党的二十大和二十届三中全会精神，以习近平总书记来闽考察重要讲话精神为指导，创建"八闽传习红图"，将习近平新时代中国特色社会主义思想以"星火燎原"之势传播至八闽大地。

◎《传习八闽》作品亮相集团公司"新动力量"宣讲报告会

一、闽东宁德——一片初心一片海

35年前，时任宁德地委书记的习近平同志立足实际，提出"弱鸟先飞""滴水穿石"的闽东精神，推动"四下基层"，脚踏实地带领闽东人民摆脱贫困。2024年10月，习近平总书记在福建考察时强调，"全面落实'四下基层'制度，走好新时代党的群众路线"，"要发挥火车头作用，带领乡亲们做好'海'的文章，在乡村振兴、共同富裕的道路上一往无前"。[①]

宁德三都澳海域是全国最大的大黄鱼养殖基地，数以万计的渔民在海上劳作。这里近海养殖业发达，但处于台风多发地带，通信保障要求高、难度大。2004年12月24日，宁德三都海上营业厅应运而生，成为全国最早的海上营业厅，也是福建公司践行"四下基层"的典范。成立之初，仅有值班长陈巧玲驻守海上、服务渔民。20多年过去了，在她的坚守和带领下，如今的三都海上营业厅借助5G网络，将信息化服务送上渔排，为三都渔村搭建智慧防疫平台；设立远程医疗点，联合宁德市人民医院举办"医心移意，健康先行"主题党日、"军警民联动海上120巡回义诊"等活动，为渔民送医送药；开展海上专场直播带货，帮助渔民销

◎ 宁德三都海上营业厅

售鲍鱼、大黄鱼等闽东特产。如今的三都海上营业厅，成为全国首个海上惠民服务平台、5G海上执法平台、海上平安社区，进一步升级为"海洋经济生活馆"，实现了从简单的通信服务向深层次、全方位数智惠民服务的转变。二十年青春芳华如斯，二十年坚守信仰如炬。这一系列华丽转身背后，是移动人传习"四下基层"和"滴水穿石"精神

[①]《习近平在福建考察时强调 扭住目标不放松 一张蓝图绘到底 在中国式现代化建设中奋勇争先》，《人民日报》2024年10月17日。

的亮丽成果。如今的海上营业厅让"信息孤岛变数智通途",被誉为"海上不落的党旗",更成为移动人心中信念坚守的灯塔!

二、闽西龙岩——星星之火可以燎原

党的二十届三中全会提出,城乡融合发展是中国式现代化的必然要求。习近平总书记强调:"壮大县域经济,加快老区苏区振兴发展,巩固拓展脱贫攻坚成果。"① 闽西龙岩是"星火燎原"的发祥地,福建公司坚定革命信念,筑牢员工信仰之基,汲取"千万工程"经验中蕴含的科学方法,以服务连城县首个1万路高清视频监控为起点,开创福建公司"万路工程"。同时运用"人工智能+大数据+AI人脸体视频解析",对视频监控资源进行智能化处理,实现"全域覆盖、全网共享、全时可用、全程可控、全面应用"的公共安全视频监控建设及智能化应用格局,为革命老区乡村振兴、社会治理现代化贡献通信力量,生动

◎ 践行"千万工程"经验,开创"万路工程"

诠释了红色通信初心使命。在这场超万人参与的乡村振兴建设的接力赛道上,创造了单月安装4800路监控的"移动"速度。福建移动人用"一口气一万路"的勇气和"一步步一万路"的毅力,从闽西老区到八闽大地,"县县有万路"行动如同点点星火,照耀着八闽大地数智之路!

---

① 《习近平在福建考察时强调 扭住目标不放松 一张蓝图绘到底 在中国式现代化建设中奋勇争先》,《人民日报》2024年10月17日。

三、闽南泉州——"晋江经验"的数智传承

泉州晋江,全国民营经济最具活力的地区之一,在福建任职期间,习近平同志曾"七下晋江",总结提炼出的"晋江经验"成为推动民营经济高质量发展的重要行动指南。2024年10月,习近平总书记在福建考察时强调,"要在全面深化改革、扩大高水平开放上奋勇争先","坚持'两个毫不动摇',创新发展'晋江经验'"①。福建移动人持续深化改革创新、赋能实体经济、推动全面发展,以数实融合创新的生动实践传承发展"晋江经验"。

以"数"为擎,以"云"为媒,福建公司在持续深化央企与民营经济合作中实现互利共赢,以实际行动践行初心使命。通过举办跨行业的交流,促进更多思维能量的碰撞,让数实融合理念更加深入人心;

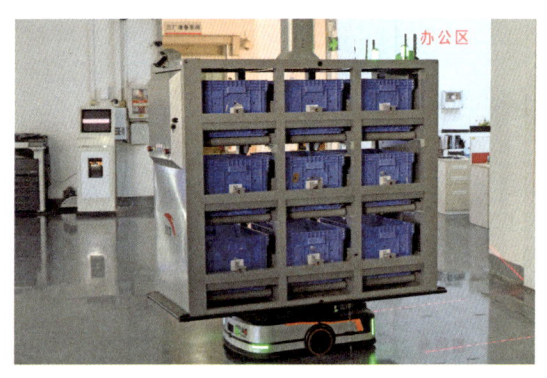

◎ 为晋江安踏集团量身打造的九宫格辊筒移载式机器人

通过惠企政策,为超千家民营企业提供上云服务;组建服务团队,推动食品、鞋服、消防、卫浴等企业加入工业互联网标识解析应用"新赛道"。公司为晋江安踏集团打造全国首个5G智慧物流AGV,即载具量最大的九宫格辊筒移载式机器人;为信泰(福建)科技有限公司打造5G全链接工厂,实现运输效率提高300%,生产效率提高10%,运营

---

① 《习近平在福建考察时强调 扭住目标不放松 一张蓝图绘到底 在中国式现代化建设中奋勇争先》,《人民日报》2024年10月17日。

7

成本降低6%，成功打造纺织行业5G智慧工厂标杆，成为泉州唯一入选工信部《2023年5G工厂名录》的项目……这些既是双方创新思维碰撞的成果，也是移动人对"晋江经验"的感悟和传承。

四、闽北南平——"魂脉"与"根脉"的坚守

党的二十届三中全会指出，要传承中华优秀传统文化，加快适应信息技术迅猛发展新形势。2021年3月，习近平总书记在南平武夷山考察时，首次提出中华优秀传统文化与马克思主义相结合的问题，"第二个结合"孕育而生。再追溯到2002年，还是在南平，时任福建省省长的习近平同志在这里总结出了"科特派"（科技特派员制度），这是一项在探索解决"三农"问题上的科技干部交流制度的创新与实践。"科特派"很快从"地方探索"成为"国家行动"。

福建公司坚守"魂脉"与"根脉"，持续总结完善"科技特派员"服务模式，将文化传承和"移动特派员"（以下简称"移特派"）制度融合演绎，组建"移动特派员"创新工作室。在企业生产各个领域提供"滴灌式"精准辅导和精细服务，持续探索符合公司实际的党建能量转化新路径。在4252平方公里的环武夷山国家公园保护发展带上，"移特派"们以5G网络解锁朱子文化"新流量"，核心景区及11个乡镇中心、39个行政村均已实现100%覆盖；以数字技术揭开国家公园"新

◎"移特派"在武夷山景区内开展网络测试

面纱"，打造"武夷山全域旅游大数据平台项目"，以"科技之眼"带动涉旅及茶产业信息化渗透；以AI+赋能焕发非遗文化"新生机"，持续推进燕子窠生态茶园示范点、建盏文化创意园信息化建设。福建移动人以实际行动不断将习近平新时代中国特色社会主义思想转化为坚定理想、锤炼党性和指导实践、推动工作的强大力量。

一张蓝图绘到底，改革星火正燎原。站在新的起点上，新时代的移动人将持续巩固和拓展科技强国成果，坚定信仰信心，凝聚奋进力量，守正创新，勇毅前行，为高水平建设世界一流信息服务科技创新公司、全面建设社会主义现代化国家贡献"新动力量"。

▲（文／图　许　可）

大美千年

河北是"三个从这里走来"的历史长廊,是习近平总书记从政起步的地方。河北的美,美在万象,燕山层峦叠嶂,渤海沙鸥翔集,高原草甸绵长,淀泊碧波荡漾。党的十八大以来,习近平总书记10多次赴河北省考察调研,为新时代河北高质量发展指明了方向。总书记的足迹印刻在燕赵大地,总书记的关怀给予河北人民巨大鼓舞。中国移动河北公司(以下简称"河北公司")感受思想伟力,牢记殷切嘱托,坚持以习近平新时代中国特色社会主义思想为指导,深入学习宣传贯彻党的二十大和二十届二中、三中全会精神,在这片红色热土上坚持做为民服务、数智转型的"冀先锋"。

燕赵之地,大美千年。习近平总书记曾说:"我对燕赵大地充满深情。不只因为我在这块土地上工作过,更是因为这是一块革命的土地、英雄的土地，是'新中国从这里走来'的土地。"[①] 从千年古城正定，到千年林海塞罕坝，再到千年大计雄安新区，都留下了习近平总书记的深深足迹、殷殷深情。近年来，河北公司深入贯彻落实习近平新时代中国特色社会主义思想，提升为民服务品质和数智转型能力，创建"冀先锋"党建品牌，着力构建"高标党建"工作格局，为加快建设经济强省、美丽河北，奋力谱写中国式现代化建设河北篇章贡献移动力量。

◎《大美千年》作品亮相集团公司"新动力量"宣讲报告会

一、千年古城——正定之美

正定是习近平总书记从政起步的地方，正定工作经历是习近平新

---

① 本书编写组编著：《让群众过上好日子——习近平正定足迹》，人民出版社、河北人民出版社2022年版，第224页。

时代中国特色社会主义思想萌生和形成过程的重要阶段，习近平总书记对正定"知之深　爱之切"。他在1987年为河北人民出版社出版的《正定古今》撰写的序中写道："正定是我的第二故乡。这里有悠久的历史，灿烂的文化，勤劳的人民"。近年来，河北公司贯彻落实习近平总书记在正定工作期间提出的"抓实事，求实效，真刀真枪干一场""敢抓、敢管，敢于碰硬、敢于负责""人才九条"等精神瑰宝，高效统筹推动市场、政企、网格化、网络建维、"三能"人才机制、IT"六项改革"，以数智力量奋力谱写正定高质量发展新篇章。

河北公司学习贯彻习近平文化思想，以"5G+技术"助推文化传承与文旅融合，开展"心级服务　龙行龘龘"客户互动体验专项活动14场，在河北正定网红热门地阳和楼、隆兴寺、荣国府、小商品市场等地，规划了一场"穿越之旅"，通过线下体验和线上直播，邀请游客体验式感受风雅古韵，让游客沉浸式感受正定古城文化。

党的二十届三中全会指出，要培育乡村新产业新业态。河北公司积极推进以县城为重要载体的城镇信息化建设，聚焦县域特色产业，扎实推进县域经济高质量发展。正定夜市"火出了圈"，被网友戏称"御膳房"的600多个摊位是对味蕾的极致诱惑，也是正定跨越1600多年旧貌换新颜的缩影。河北公司采取"临时+永久"的双重举措，为正定"网红夜市经济"蓬勃发展保驾护航。合理配置网络资源，网络扩容至可承载1.2万名用户，在夜市业务高峰时段，用户直播画面稳定无卡顿、扫码迅速，电话语音清晰流畅，充分满足了观光游客的各类业务需求。

习近平总书记在河北省正定县工作期间，与塔元庄村结下不解之缘。2013年，习近平总书记在塔元庄村考察时提出要求："你们要在全

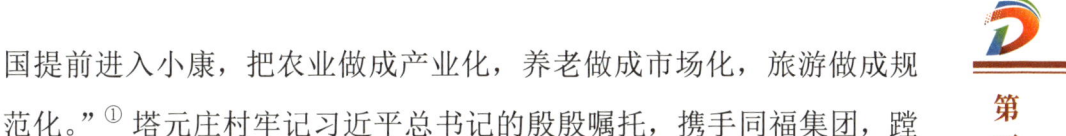

国提前进入小康,把农业做成产业化,养老做成市场化,旅游做成规范化。"[①] 塔元庄村牢记习近平总书记的殷殷嘱托,携手同福集团,蹚出了一条村企共建共享、具有城郊村特色的乡村振兴之路。河北公司与塔元庄村开展红色文化教育基地签约共建,打造"名村+强企"的"实践精品课堂"研学路线。在正定塔元庄村全覆盖建设5G网络,在数智产业、生态宜居、乡村治理等领域不断探索"智慧乡村中心""互联网+社区"等信息化产品落地应用。

◎ 中国移动联合正定塔元庄村、同福集团共同打造的同福智慧农场指挥中心

与同福集团开展"5G+工业互联网"联合实验室、"5G+智慧农业"联合实验室、中国移动乡村振兴研学基地联学,利用信息化技术助力其发展智慧农业、打造数字化透明工厂,农业农村数智化道路越走越宽。

二、千年林海——塞罕坝之美

塞罕坝是无数人点赞的"绿色奇迹",是"绿水青山就是金山银山"理念的生动诠释。塞罕坝的历史可追溯到千年前辽金时期千里松树岭,然而,由于过度围垦和侵略者的采伐掠夺,在新中国成立初期,原始森林早已不复存在。1962年2月,林业部决定建立直属的塞罕坝机械林场。

2017年8月,习近平总书记对河北塞罕坝林场建设者感人事迹作出重要批示:"55年来,河北塞罕坝林场的建设者们听从党的召唤,在'黄

---

① 《习近平一直惦记着俺们村》,《人民日报》2018年10月4日。

沙遮天日，飞鸟无栖树'的荒漠沙地上艰苦奋斗、甘于奉献，创造了荒原变林海的人间奇迹，用实际行动诠释了绿水青山就是金山银山的理念，铸就了牢记使命、艰苦创业、绿色发展的塞罕坝精神。"①他们的事迹感人至深，是推进生态文明建设的一个生动范例。2021年8月，习近平总书记在河北承德考察时强调："要传承好塞罕坝精神，深刻理解和落实生态文明理念，再接再厉、二次创业，在实现第二个百年奋斗目标新征程上再建功立业。"②60多年来，老中青三代塞罕坝人，听从党的召唤，在"黄沙遮天日，飞鸟无栖树"的荒漠沙地上艰苦奋斗、甘于奉献，创造了荒原变林海的人间奇迹。

河北公司传承弘扬塞罕坝精神，跨林海、战雪原，战胜恶劣自然环境建设"半地下"机房，筑牢了塞罕坝网络通信基础。河北公司积极推动数字时代红色文化的传承与弘扬，与塞罕坝展览馆共建中国移动红色文化教育基地，在集团公司"云集"平台上线塞罕坝展览馆红色宣讲视频和VR视频，并在"乐游京津冀一码通"上承载，丰富党员团员青年学习资源和学习形式。打造以塞罕坝展览馆为重要节点的精品研学路线，先后组织全省党员干部员工通过线上学与现场学相结合等方式开展实践精品课堂教学，覆盖9000余人次。

大力传承塞罕坝精神的时代价值，河北公司充分发挥新一代信息技术对传统林业转型升级的赋能作用，紧紧围绕塞罕坝植林、护林、营林等发展需求，全面助力塞罕坝打造5G智慧展馆、5G智慧旅游示范工程，以5G数字化框架创建多个智能信息系统，有效助力塞罕坝林场践

---

① 《习近平谈治国理政》第2卷，外文出版社2017年版，第397页。
② 《习近平在河北承德考察时强调　贯彻新发展理念弘扬塞罕坝精神　努力完成全年经济社会发展主要目标任务》，《人民日报》2021年8月26日。

◎ 塞罕坝林场网络建维人员进行基础维护

行"生态优先　绿色发展"之路，在塞罕坝绿色奇迹中注入"移动蓝"。

三、千年大计——新区之美

设立雄安新区，是以习近平同志为核心的党中央作出的一项重大历史性战略选择。习近平总书记亲自决策、亲自部署、亲自推动雄安新区建设，亲临实地考察并发表重要讲话，多次主持召开会议研究部署并作出重要指示，为雄安新区规划建设指明方向。习近平总书记指出："建设雄安新区是千年大计，要保持历史耐心和战略定力，坚持'世界眼光、国际标准、中国特色、高点定位'的理念，尊重城市开发建设规律，合理把握开发节奏，稳扎稳打，努力将雄安新区打造成为贯彻新发展理念的创新发展示范区。"[①] 2023 年 5 月 10 日，习近平总

---

① 中共中央宣传部、国家发展和改革委员会：《习近平经济思想学习纲要》，人民出版社、学习出版社 2022 年版，第 95 页。

书记在河北雄安新区考察时强调："要全面落实创新驱动发展战略，推动各领域改革开放前沿政策措施和具有前瞻性的创新试点示范项目在雄安落地，努力建设新功能、形成新形象、发展新产业、聚集新人才、构建新机制，使雄安新区成为新时代的创新高地和创业热土。"[1]

河北公司深入学习贯彻习近平总书记在河北雄安新区考察时的重要讲话精神，发挥战建协同作用，加快发展新质生产力，全面助力将雄安新区打造成为"全球领先的数字城市"，获评"雄安新区高质量发展建设先进集体"。

雄安新区从规划开始，就以"坚持数字城市与现实城市同步规划、同步建设，适度超前布局智能基础设施，打造全球领先的数字城市"为建设理念。在集团公司统一部署下，河北公司完成了新区5G全域目标及长远网络规划，每万人拥有的5G基站数全国领先，实现5G城区连续覆盖，村村通5G。在雄安新区全域部署了万兆（10GPON）业务平台，在河北率先实现了大颗粒宽带业务传送，增强城域网接入层带宽资源的管理与运营能力。率先达到了国家"千兆城市"标准，新建区域可100%实现客户入网即千兆。启动全国唯一E波段高容量微波通信试点，筑牢城市发展数字底座。

习近平总书记指出："建设好雄安新区，重要的是衔接好安居和乐业，让群众住得稳、过得安、有奔头。"[2] 河北公司积极与河北省政

---

[1] 《习近平在河北雄安新区考察并主持召开高标准高质量推进雄安新区建设座谈会时强调 坚定信心保持定力 稳扎稳打善作善成 推动雄安新区建设不断取得新进展》，《人民日报》2023年5月11日。

[2] 《习近平在河北雄安新区考察并主持召开高标准高质量推进雄安新区建设座谈会时强调 坚定信心保持定力 稳扎稳打善作善成 推动雄安新区建设不断取得新进展》，《人民日报》2023年5月11日。

府、雄安新区管委会签署战略合作协议，并以"党建和创"为抓手，打造党政、工业能源等联盟，先后打造了民生保障、税务区块链等20余个领域示范应用，依托"一中心四平台"的整体架构，协同建成容东片区城市运营管理中心建设项目，打造智慧城市标杆。开设雄安首家中国移动科技创新体验中心咪咕咖啡店，全自动手冲机器人"AI咖大师"为顾客提供别具一格的咖啡享受，让居民游客在这里体验未来。

◎ 雄安新区启动全国唯一E波段高容量微波通信试点

跨过历史的长河，沐浴时代的春风。河北公司全体干部员工勇做数字转型的主力军、智慧社会的使能者，加快形成新质生产力，凝聚"新动力量"，争当"创世界一流"新征程上的"冀先锋"！

▲（文/图 刘元元）

智慧文旅，"晋"见非凡

山西是人类和华夏文明的发祥地和中心区域之一。习近平总书记高度重视文化保护传承工作，也高度重视山西的发展，党的十八大以来，先后4次到山西考察调研，为山西擘画发展蓝图、指引发展方向。面对产业经济结构单一困局，习近平总书记指出："山西要有紧迫感，更要有长远战略谋划，正确的就要坚持下去，久久为功，不要反复、不要折腾，争取早日蹚出一条转型发展的新路子。"[1] 中国移动山西公司（以下简称"山西公司"）牢记总书记嘱托，深刻理解和把握"两个结合"重大现实意义，立足企业发展现状，从"地下万年挖动能"向"地上千年要效益"不断探索，通过将文化与科技深度融合，以文塑旅、以旅彰文，为山西转型发展注入新活力，为企业发展注入新动能，续写"开放与融合"时代新篇章。

---

[1]《习近平在山西考察时强调　全面建成小康社会　乘势而上书写新时代中国特色社会主义新篇章》，《人民日报》2020年5月13日。

◎《智融文旅，焕新光》作品亮相集团公司"新动力量"宣讲报告会

"开放与融合"是各方思想的深度碰撞与交融，是时代机遇的共同探索和拥抱！

翻开历史的篇章，我们不难发现，中华文明在山西这片黄土地上沉淀了千年，这里从不缺少"开放与融合"的基因。在山西，历史与文化相融，5000多年文明应运而生，科技与矿业相融，能源改革阔步前行。面对产业经济结构单一困局，"开放与融合"无疑是地方和企业破题的关键。

如何才能走好这条路？在习近平文化思想中，我们找到了答案。习近平总书记指出，"'两个结合'是我们取得成功的最大法宝"[1]，"只有全面深入了解中华文明的历史，才能更有效地推动中华优秀传统文化创造性转化、创新性发展"[2]。

---

[1] 习近平：《在文化传承发展座谈会上的讲话》，人民出版社2023年版，第5页。
[2] 习近平：《在文化传承发展座谈会上的讲话》，人民出版社2023年版，第1页。

中华五千年文明看山西，传承发展好中华文明是山西公司义不容辞的责任，也是转型结合的必需。

方向已明，转型探路。作为驻晋央企，山西公司决心从"地下万年挖动能"向"地上千年要效益"迈进。

近年来，山西公司高举改革开放旗帜，大力培育和发展新质生产力，助力地方破解"一煤独大"困局，全力做好非煤产业大文章，逐步形成了"抓转型必须抓文旅，抓文旅就是抓转型"的思想共识和路径共识，展现了以科技驱动高质量转型发展的生动实践，强化了对"两个结合"重大现实意义的深度理解和把握。

一、"结合"是双方需求的高度契合

在探索过程中，山西公司深知，"结合"不是"生拉硬拽"，而是中国移动使命责任和地方迫切需求的高度契合。面对产业经济结构

◎ 中国移动与文物单位交流智慧文旅解决方案

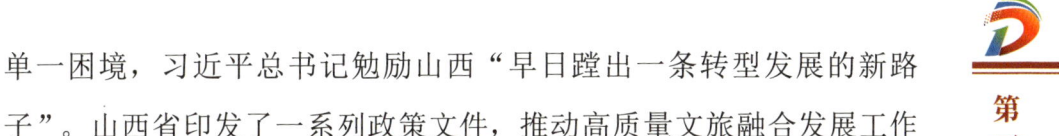

单一困境，习近平总书记勉励山西"早日蹚出一条转型发展的新路子"。山西省印发了一系列政策文件，推动高质量文旅融合发展工作部署落地。山西公司勇担科技强国、网络强国、数字中国主力军责任，将5G、云网、算力、人工智能等能力综合汇聚，以科技赋能文旅产业，与地方政府双向奔赴，探索新赛道、寻求新突破。

在太原，山西公司打造区域规模最大智算中心，通过光纤数据直传等技术应用，搭建了集高速、低时延、智能化、高可靠等优势于一体的"超级高速路"，让数据在用户和算力间流动得更加高效畅通，通过模块化设计的高密模块应用，提供了多机架功率选项，满足不同客户需求；创新推出移动视联网"融、智、云、易"四大产品、"1+10+N"三层算力分布架构和AI算法升级仓，实现随时随地为客户提供视频采集、接入、存储、智能分析服务。超级算力、"AI+视联网"新业态实现文旅服务高质量供给，全省旅游行业监测、风险防范、调控疏导和应急处置能力高效提升。

二、"结合"是相互成就的化学反应

"结合"不是简单的"拼盘"，而是深刻的化学反应。习近平总书记强调："探索文化和科技融合的有效机制，加快发展新型文化业态，形成更多新的文化产业增长点。"[①] 科技与文化的有效结合、企业与地方政府的深度协同，是发生深刻化学反应的关键所在。

在晋城，山西公司与地方联合打造"5G+智慧旅游"服务平台，以掌上地图等形式展示吃住行、游购娱等信息，游客可以根据出行时

---

① 《习近平在湖南考察时强调 坚持改革创新求真务实 奋力谱写中国式现代化湖南篇章》，《人民日报》2024年3月22日。

间、老少群体的不同，自主选择游览路线，畅游隋唐佛都、皇城相府等古建故居，做到"一机在手、一路智游"。智慧旅游平台的建设和应用，让文旅局、各景区动态监测游客流量、实时监控景区设施、全域管理旅游数据等成为现实，为提高文旅监管数字化水平、丰富文物景区配套资源等，提供了强有力的智慧支撑。

当沉默的古建遇上科技的力量，传统文化再次焕发新活力。随着《黑神话：悟空》游戏的火爆"出圈"，全国各地游客纷纷来到山西打卡古建。5G新型网络通感一体、3CC等特性，助力景区5G与AI深度融合、古建与科技深度融合，为文化传播、文物保护找到最优解，良好的游客体验反馈，让区域文旅融合经济效应实现最大化，也提振了地方文旅发展信心。

三、"结合"是发展根基的进一步筑牢

"结合"不是"一锤子买卖"，而是持续筑牢发展的根基。习近平总书记指出："人民对美好生活的向往，就是我们的奋斗目标。"[①] 满足人民对美好生活的需要，是文旅融合的出发点，也是文旅可持续发展的根基。

面对景区、游客多元化需求，山西公司组织开展"信号升格"专项行动，加大5G网络在文化旅游景区的覆盖力度和优化力度。在朔州应县木塔，超大带宽5G基站平均下载速率达596Mbps，平均上传速率达90Mbps，可容纳6000余人同时在线，有效满足AR、VR、视频直播等各种用网需求；在临汾乡宁，"5G+"让康家坪、塔尔坡等古村落从

---

① 《习近平著作选读》第1卷，人民出版社2023年版，第60页。

深山中"走了出去",村民通过移动网络就可以展示当地自然人文特色、开启"直播带货",文化乡村的魅力吸引越来越多的游客前来体验乡居生活,游客也可通过手机随时查看古村落 3D 实景,让"线上畅游"成为现实。强有力的支撑举措,推动文旅应用场景变得丰富多样,游客体验感不断提升,文旅可持续发展确定性进一步增强。

四、"结合"是创新空间的探索开启

"结合"不是一成不变,而是创新空间的打开。习近平总书记指出:"要在创造性转化和创新性发展中赓续中华文脉。高扬中华民族的文化主体性,把历经沧桑留下的中华文明瑰宝呵护好、弘扬好、发展好。"[①] 在习近平文化思想的指引下,山西公司积极发挥企业优势,依托 5G-A 网络、ULCL 分流技术为大同云冈研究院打造了一张高可用、高隔离、高定制、高安全、高灵活、高融合的 5G 文旅 2B2C 双域专网,助力大同云冈研究院建成国内首个以图形图像计算能力为主的"数字云冈"先进计算中心,实现文物信息全息数据档案永久保存、永续利用;同时,融合 VR、AR 等数字化科技手段,令文

◎ 网络优化人员在文物景区开展 5G-A 网络 3CC 功能部署测试

[①]《习近平在中共中央政治局第十七次集体学习时强调　锚定建成文化强国战略目标　不断发展新时代中国特色社会主义文化》,《人民日报》2024 年 10 月 29 日。

物可触可感，游客无须跨越千山万水，通过屏幕即可体验云冈石窟的巍峨风采，让 1500 多年的云冈石窟艺术走向世界。

智慧文旅的应用，在推动中国移动服务能力不断更新迭代的同时，也助力了区域文旅管理模式和场景体验不断优化升级。正如高平市文化和旅游局负责同志所说："是中国移动帮我们打开了文旅新思路，通过网上预约、大数据文旅、网上直播、'心游高平'等信息化技术，让我们更方便地宣传晋城的人文、晋城的古建。"如果说《黑神话：悟空》让山西古建热提前热了起来，那么中国移动信息化技术就为山西古建热插上了科技的翅膀。

在山西，像这样的碰撞结合，未来会越来越多。在创造性转化、创新性发展中华文化的过程中，山西公司找到了"开放与融合"的新赛道，也提振了发展信心。

对历史最好的继承是在融合发展中进一步发展。山西公司将坚定不移再蹚新路子，再创新范式，共奋"晋"，向未来！

▲（文／图　郭春旺）

之江溯源

浙江是中国革命红船起航地、改革开放先行地、习近平新时代中国特色社会主义思想重要萌发地。《之江新语》是习近平同志创作的一部政治理论著作，该著作辑录了习近平同志担任中共浙江省委书记期间在《浙江日报》"之江新语"专栏发表的232篇短论。中国移动浙江公司（以下简称"浙江公司"）积极推进"循迹溯源学思想促践行"，传承运用好习近平总书记留给浙江的宝贵财富，在《之江新语》中感悟思想伟力，将党的创新理论融入企业创新发展，充分发挥党员先锋模范作用，积极践行"两山"理念，全力推进科技创新、加速发展新质生产力，为浙江"勇当先行者　谱写新篇章"贡献数智力量。

思想"领航"，之江溯源。习近平同志在浙江工作期间，擘画了"八八战略"这一浙江省域治理总纲领和总方略，为浙江改革发展奠定了坚实基础。《之江新语》是习近平同志推动中国特色社会主义在浙江创新实践的集成之作，是阐释党的创新理论、解码中国奇迹的权威读本。浙江公司充分用好《之江新语》等宝贵财富，在循迹溯源中感受真理伟力，用争创一流的"先行"实践交出浙江移动答卷。

◎《之江溯源》作品亮相集团公司"新动力量"宣讲报告会

一、红船起航，向光而立

习近平总书记在庆祝中国共产党成立100周年大会上，号召全体中国共产党员："牢记初心使命，坚定理想信念，践行党的宗旨，永远保持同人民群众的血肉联系，始终同人民想在一起、干在一起，风雨同舟、同甘共苦，继续为实现人民对美好生活的向往不懈努力，努力为党和人民争取更大光荣！"[1] 回望历史，1921年7月，中国共产党

---

[1] 习近平：《在庆祝中国共产党成立100周年大会上的讲话》，《人民日报》2021年7月2日。

第一次全国代表大会在嘉兴南湖的一艘画舫上完成了最后议程，中国共产党宣告诞生。从此，中国革命的面貌焕然一新。100多年来，一代又一代中国共产党人接续奋斗、创造奇迹。2005年，习近平同志在《之江新语》发表了评论，他指出："一个党员就是群众中的'一面旗'，千百万共产党员的先进形象就是我们党的光辉形象。"①

从中国共产党成立时的五十几名党员，发展到"千百万共产党员"，中国共产党员的队伍不断壮大，党的执政根基不断夯实。浙江公司从百年党史中汲取力量，在浙江这片红色热土上，追寻先辈足迹、感悟真理味道、学习创新理论，凝聚起公司7000多名共产党员的先锋模范力量，响应时代召唤、回应人民所需，彰显央企担当。

敢为人先的首创精神，是印刻在嘉兴这座城市里的红色基因。1993年，全国第一个数字移动通信（GSM）领示系统在嘉兴开通，在我国通信史上具有里程碑意义。2014年，世界互联网大

◎ 11年护航乌镇互联网大会

会永久落户嘉兴乌镇，信息技术日行千里。2G跟随、3G突破、4G并跑、5G领跑，中国移动的发展也在这里得到了见证。通过中国移动5G加持，乌镇人民公园里沉浸式体验、未来社区里就医问诊、未来农场里精准饲养，都一一实现。技术的进步离不开新时代共产党员的首创、奋斗和奉

---

① 习近平：《之江新语》，浙江人民出版社2007年版，第136页。

献。浙江公司的共产党员，10余年间无数个通宵，在乌镇实现通信网络制式和服务的不断升级。参与第十一届世界互联网大会乌镇峰会保障工作的共产党员吴龙文说："青石板下的每一条光缆我都了然于心。"

位于嘉兴海盐的秦山核电站，是中国自行设计、建造和运营管理的第一座30万千瓦压水堆核电站，是我国核电事业起步的地方。中国移动心怀"国之光荣"的敬意，学习"自主创新、融合发展"的"秦山经验"，在秦山核电建成上线国内规模最大的电力5G专网，并基于此打造10余项数字化应用，助力秦山核电数字化转型。建设过程中，为了完成"单台机组1次大修完成1台机组"这项高难度的建设任务，项目组联合中移集成、中核工程、浙江移动、中核检修、亚信科技等单位组建联合党员突击队，从设备安装、线缆敷设、光缆熔接、电缆端接、设备调试、电磁复测、信号测试验收等方面制订全流程实施计划，并成功完成任务，创造了15天完成一个大修机组、28天完成双机组大修布设5G任务的纪录，将项目建设进度整整提前了16个月。

这，是共产党员创造的速度，更是共产党员树起的旗帜！浙江公司将沿着革命先辈的足迹，赓续红色精神，进一步坚定信仰、创新赋能，努力走好新的赶考之路。

二、绿富先行，向绿而兴

党的二十届三中全会提出，加快完善落实绿水青山就是金山银山理念的体制机制。浙江公司深入领会和践行习近平生态文明思想，以"红色新闪耀"红色文化传承品牌建设为载体，结合红色文化教育基地、党业融合示范项目等，在安吉余村打造了"绿富先行"红色研学路线。为什么要叫"绿富先行"？绿和富是什么关系？2005年，习近平同志在《之江新语》发表了《绿水青山也是金山银山》的评论，他指出："如果能够把这些生态环境优势转化为生态农业、生态工业、生态旅游等生态经济的优势，那么绿水青山也就变成了金山银山。"[①]

20世纪八九十年代，安吉余村是全县有名的工业村、污染严重村。2005年8月15日，时任浙江省委书记的习近平同志在安吉余村，首次提出了"绿水青山就是金山银山"的理念。多年来，在"两山"理念指引下，小山村实现绿色蝶变，证明了经济发展不能以破坏生态为代价，生态本身就是经济，保护生态就是发展生产力。"两山"理念正是习近平生态文明思想的核心要义之一。2021年，党中央赋予浙江高质量发展建设共同富裕示范区的光荣使命，"千万工程"向"千村未来、万村共富"迭代升级。余村打破区域局限，带动周边乡村发展生态旅游和农家乐，"小余村"变成了"大余村"。浙江公司"循迹溯源学思想促践行"，与余村生态共富同频共振，数智赋能生态效益和经济效益共赢。

在响应国家退塘还田和长江禁渔的生态保护政策背景下，浙江公司通过"党员i企"模式与共建单位打造了"5G物联网+余村溪泉鱼"项目，依托5G和云技术，让无塘可养、无鱼可捕的渔民由过去的租塘养殖

◎"5G物联网+余村溪泉鱼"项目基地

[①] 习近平：《之江新语》，浙江人民出版社2007年版，第153页。

变成租池养殖，项目带动了近1000户养殖户创收致富。一个30平方米的智能蜂窝池就可以达到原来一亩传统鱼塘相同的产量，土地开发利用率提升近10倍。以前养殖户每天七八个小时都在鱼塘里，特别是夏天，晚上2—3个小时就要起床巡塘一次，生怕鱼塘缺氧；现在在家看一下手机就可以随时知道鱼塘的水质、温度、氧气含量。鱼塘的鱼直接供应给生鲜电商平台，养殖户收入比过去土塘养殖翻了一番，实现了"躺着赚钱"！

这样的示范项目正是浙江公司深入推进"数智乡村振兴计划"的缩影，公司累计参与超100个未来乡村建设，绘就乡村振兴"新画卷"，全力助建浙江共富示范区。

三、数智争先，向新而行

2005年，习近平同志在《之江新语》发表了《压力与动力是可以相互转化的》的评论，他指出："如果把压力转化为动力，促进发展理念的转变、增长方式的转变、政府职能的转变，那么发展就能走出一条新路，就能迎来'柳暗花明又一村'。"[1] 2023年9月，习近平总书记考察浙江，赋予浙江"中国式现代化的先行者"的新定位、"奋力谱写中国式现代化浙江新篇章"的新使命[2]。对浙江来说，使命光荣，更是责任重大。

党的二十届三中全会提出，健全因地制宜发展新质生产力体制机制。这正是一条转变传统经济增长方式的新路径。浙江公司积极发挥

---

[1] 习近平：《之江新语》，浙江人民出版社2007年版，第98页。

[2]《习近平在浙江考察时强调　始终干在实处走在前列勇立潮头　奋力谱写中国式现代化浙江新篇章》，《人民日报》2023年9月26日。

科技创新、产业控制、安全支撑作用，迭代"1155"科技创新管理体系，加快构建"双一流"科技型省公司，依托党建强链、青年创新创效、党外代表人士建言献策工作室等载体，组织广大党团员、联合共建单位党团组织，聚力推进"两个新型"升级、"BASIC6"科创、"AI+"行动"三大计划"，承建集团"1+3+N"协同创新基地浙江中心，建设多个重大科创载体，加快形成新质生产力。全力向新5G-A网络演进，2024年3月，中国移动在杭州全球首发5G-A网络商用部署，开启万兆元年。浙江公司为杭州亚运会打造国内首条5G-A万兆网络示范路线、亚运5G-A全场景应用示范区，裸眼3D、通感车联、无源物联等技术成为现实。全力向新"算网一体"融合发展，公司优化多层级算力覆盖布局，算力规模超200万vCPU；完成中国移动长三角（嘉善）智算中心项目征地，率先实现杭州N型节点投产，持续建设投产杭州国产化智算中心、浙大启真、西湖大学、图灵小镇等多元化智算

◎ 得力5G未来工厂

节点，为人工智能企业和研究机构提供高性能的算力服务，智算规模达4.5EFlops。全力向新"AI+"深度融合，在视觉和反诈大模型领域实现关键技术突破，并积极与"杭州六小龙"之一的宇树科技合作开展"AI+具身机器人"研发。在得力5G未来工厂，浙江公司打造了全国首个文体行业全自动混码分拣产线，通过AI赋能实现1.4秒检测8支笔，效率提高170倍。在浙江真爱美家落地的"5G+AI家纺断纱质检项目"，让机器有了数字眼睛，纺织女工生产效率提高了3倍……像这样的"AI+5G"示范工厂，全省已累计建设200多家。

之江潮涌逐浪行，感恩奋进再出发。浙江公司将坚定步伐、勇挑大梁，切实把党的创新理论转化为干在实处、走在前列、勇立潮头的强大动力，在奋力谱写中国式现代化浙江新篇章的新征程上勇当"先行者"、争做"排头兵"！

▲（文/图 陆璐媛）

守护大河之洲

2021年10月,习近平总书记深入山东省东营市的黄河入海口、农业高新技术产业示范区、黄河原蓄滞洪区居民迁建社区等,实地了解黄河流域生态保护和高质量发展情况。他强调,"扎实推进黄河大保护,确保黄河安澜,是治国理政的大事","在实现第二个百年奋斗目标新征程上,要坚持生态优先、绿色发展,把生态文明理念发扬光大,为社会主义现代化建设增光增色"。[①]中国移动山东公司(以下简称"山东公司")深刻把握"国之大者",深入践行习近平生态文明思想,积极推动实现人与自然和谐共生的现代化,以创新技术贯彻新发展理念,在黄河口湿地通过采用"5G 700M+CPE"模式,构建"天空地海"一体协同的监测网络,建设黄河三角洲生物多样性监测平台,打造国内首个生态保护和监测的5G专网项目,为滩涂、湿地、海岛等多

[①] 《习近平在深入推动黄河流域生态保护和高质量发展座谈会上强调 咬定目标脚踏实地埋头苦干久久为功 为黄河永远造福中华民族而不懈奋斗》,《人民日报》2021年10月23日。

种地质水文条件下的5G建设提供了样板，也为大江大河三角洲生态监测提供了标杆案例。

◎《守护大河之洲》作品亮相集团公司"新动力量"宣讲报告会

提到"母亲河"，总会有一幅画面让我们心驰神往。在黄河入海口，有绵延流淌的长河、鬼斧神工的潮汐树、波澜壮阔的河海黄蓝交汇、生机盎然的飞鸟翔集。习近平总书记在深入推动黄河流域生态保护和高质量发展座谈会上强调："要加强下游河道和滩区环境综合治理，提高河口三角洲生物多样性。"[1] 护好大河之洲，构筑生态屏障，总书记为黄河三角洲生态保护指明了方向。

---

[1]《习近平在深入推动黄河流域生态保护和高质量发展座谈会上强调　咬定目标脚踏实地埋头苦干久久为功　为黄河永远造福中华民族而不懈奋斗》，《人民日报》2021年10月23日。

一、数智化让生态保护提档升级

面对河海交汇的复杂水文地形、敏感脆弱的湿地生态系统，如何开展生物多样性监测和保护成了难题。自然保护区缺少网络建设的现成经验，这为山东公司挖掘 5G、700M 等网络产品能力提供了广阔的舞台。于是建设黄河三角洲生态保护项目，成为山东公司打造生态保护领域标杆案例的最优选。

生态兴则文明兴，生态衰则文明衰。习近平总书记在黄河入海口视察时指出，要"把大保护作为关键任务"[①]。坚持不懈抓保护生态环境，这是中国共产党人崇高精神境界的体现，我们共产党人做事就是要为了全人类、为了子孙后代。习近平总书记的指示为我们坚定了攻克难关的信心。

在黄河三角洲，独特的生态环境、得天独厚的自然条件，使得这片区域拥有丰富的生物资源，被誉为"鸟中国宝"的东方白鹳便是这里的常客。黄河三角洲是东方白鹳全球最重要的繁殖地之一，做好监测分析和保护，是保护区员工的一项重要工作。但在总面积 15.3 万公顷的保护区里，监测它们并不容易。以前监测员要穿着齐胸高、不透风的连体橡胶裤，背着十几斤重的望远镜、三脚架等设备，穿过泥泞的滩涂去一只一只地数鸟的数量，有时甚至好几个月都要住在偏远的管理站。2003 年，工作人员第一次近距离看到东方白鹳，由于没有经验，它们受到惊扰飞走了。直到 2005 年，才等到两对东方白鹳来这里安家繁殖。

[①]《习近平在深入推动黄河流域生态保护和高质量发展座谈会上强调　咬定目标脚踏实地埋头苦干久久为功　为黄河永远造福中华民族而不懈奋斗》，《人民日报》2021 年 10 月 23 日。

如何做到"保护而不打扰",成为保护区工作人员需要急切攻关的难题。山东公司与保护区组成了联合课题组,经过反复的研讨和测试,终于借助5G专网的数据传输,建成了生物多样性监测平台。通过"5G+VR",远程就能查看"鸟巢"里的情况,通过"鸟脸识别",在大屏幕上实时展示鸟的种类和健康状态。山东黄河三角洲国家级自然保护区高级工程师、生态监测中心副主任赵亚杰欣喜地说:"从2005年首次观察到东方白鹳在这里落户,到如今它们繁殖的幼鸟数量已累计超过3700只,保护区已经成为东方白鹳在全球最重要的繁殖地之一。"

◎ 基于5G网络的鸟类观测画面

目前保护区建起"天空地海"一体化监测网络,建设5G专网,设立66处鸟类监控、75处湿地监控和40余处人为活动监控,对包含东方白鹳在内的373种鸟类的种类、状态、分布进行实时综合研判,准确率高达94%。

二、数智化让"入侵物种"无处可逃

生态文明建设是关系中华民族永续发展的根本大计。党的二十大报告强调:"尊重自然、顺应自然、保护自然,是全面建设社会主义现代化国家的内在要求。"科学保护和修复湿地,维护健康的湿地生态系统,是推进生态文明建设的重要内容。

互花米草作为全球最危险的 100 种外来入侵物种之一，依靠发达的根系、对淡水和海水的广泛适应性，以及各种复杂气候环境的耐受力，对黄河三角洲湿地的生物安全和生态系统的稳定，造成极大的危害。20 世纪 90 年代，作为固岸护坡的物种被引入，之后迅速扩散到 15 万余亩。它们表面上看起来郁郁葱葱、非常"养眼"，但实际上，它们所在之处则是一片"绿色沙漠"，根系密密麻麻，抢占了盐地碱蓬、海草床的生存空间，使水下的鱼类、泥螺、虾蟹无法生存，致使鸟类栖息地、觅食地大量减少。与此同时，还会导致潮间带水文连通受阻、湿地生态功能降低，形成"生物堤坝"。

2016 年以来，黄河口自然保护区开展了互花米草治理攻坚战，有效遏制了互花米草泛滥的势头，但是互花米草具有极强的适应性和繁殖能力，为了防止其"死灰复燃"，山东公司协助保护区，搭建了"5G+

◎ 在滩涂开展信息化生态监测点建设

互花米草治理监测平台",设立100余处视频监控点位,结合无人机航拍、遥感影像识别、现场调查等技术手段,及时发现报告、迅速开展除治,做到"早发现、早除治"。

在"5G+互花米草治理监测平台"的密切监测下,保护区建立了"黄河口湿地修复模式",近两年新增淡水沼泽湿地7.4万亩,总面积超过30万亩,生态环境明显改善,野生动物、植物分别达到1630种和411种。

三、数智化让"数据孤岛"变身"生态超脑"

2023年7月,习近平总书记在全国生态环境保护大会上强调:"狠抓关键核心技术攻关,实施生态环境科技创新重大行动,培养造就一支高水平生态环境科技人才队伍,深化人工智能等数字技术应用,构建美丽中国数字化治理体系,建设绿色智慧的数字生态文明。"[1]

在数字生态文明建设的众多实践中,黄河三角洲全区域、全场景的生态数据信息整合汇聚算是其一。让各类生态监测数据供出来、活起来、用起来,离不开一张无处不在、信号优良的5G网络。在这片广袤而复杂的区域内实现5G网络信号全覆盖,不但要克服施工区域覆盖滩涂、河汊岛及海面监测船只的问题,还要最大限度地降低生态影响,建设难度极大。山东公司的党员突击队员们,连续两个多月吃在芦苇荡、睡在工地上,克服了蚊虫叮咬、连绵阴雨、河道船只运输能力有限等困难,对项目建设中的难点堵点问题逐一攻关。入海口施工机械难以进入,他们就肩扛手提铺设了30公里光缆,探索出了多种地质水

---

[1] 《习近平在全国生态环境保护大会上强调 全面推进美丽中国建设 加快推进人与自然和谐共生的现代化》,《人民日报》2023年7月19日。

◎ 党员突击队员们连续10余天吃住在船上进行网络测试优化

文条件下的5G建设新模式。海面信号存在盲区，他们克服风大浪高、船体摇晃的困难，连续10余天漂泊在海上进行测试，累了就靠着船舷眯一会儿，饿了就席地而坐吃两口，累计航行近1300海里。通过创新采用"5G 700M+CPE"的网络覆盖方案，实现了距离陆地20公里的海面视频实时回传。在监测船上建设远程视频监控系统，探索形成的施工标准和安全规范，还为多种复杂条件下的5G建设积累了经验。

黄河入海口湿地生态平衡由生物、环境、气候等多种因素共同维系，各类监测设备获得的海量数据信息纷繁复杂。为打通这些"数据孤岛"，山东公司党员突击队创新采用5G、物联网、云计算、人工智能等技术手段，融合黄河、海洋、环境等部门数据，集成到生物多样性监测平台上，打造生态保护"智慧大脑"，实现生态环境信息整合互联，大大提升了自然保护区智慧监测和保护管理能力，全天候守护湿地生态安全。作为国内首个运用 5G 专网实现生态保护和监测的信息化项目，它为滩涂、湿地、海岛等地质水文条件下的 5G 建设提供了样板，也为其他自然保护区生态监测提供了示范案例。

看见而不打扰，守护而不过度干预，这是人类对自然精灵们最大的尊重。在中国式现代化新征程上，黄河三角洲的蝶变只是生态保护和高质量发展的缩影，在广袤的中国大地上，中国移动人正将创新技术融入各个领域，赋能千行百业，积极服务国家重大战略，扛起强国复兴的责任与担当，不断探索新的道路，注入发展澎湃动能。

▲（文/图　王　伟　袁　蕾）

泡桐花开，千顷澄碧

2025年5月，习近平总书记在河南考察时强调，新时代新征程，河南要着力建设现代化产业体系和农业强省，着力改善民生、加强社会治理，着力加强生态环境保护，着力推动文化繁荣兴盛，以高质量发展和高效能治理奋力谱写中原大地推进中国式现代化新篇章。[①] 中国移动河南公司（以下简称"河南公司"）深入贯彻落实习近平总书记关于"三农"工作、乡村振兴的重要论述和考察河南重要讲话重要指示精神，以党的二十届三中全会精神为指引，充分发挥信息化在乡村振兴项目中的积极作用，在兰考这个红色高地成立中国移动（河南）乡村振兴数字研究院，打造"5G+高标准农田指挥调度平台"，以科技创新引领农业创新，为谱写新时代新征程中原更加出彩绚丽篇章贡献力量。

---

① 《习近平在河南考察时强调 坚定信心推动高质量发展高效能治理 奋力谱写中原大地推进中国式现代化新篇章》，《人民日报》2025年5月21日。

◎《泡桐花开，千顷澄碧》作品亮相集团公司"新动力量"宣讲报告会

　　1963年，焦裕禄在兰考这片贫瘠的土地上，亲手种下一棵泡桐幼苗，人们亲切地称之为"焦桐"，从那时起，千顷澄碧的希望在这片大地上生根发芽；2009年，习近平同志亲赴这片大地瞻仰"焦桐"，在其不远处也栽下一棵泡桐，人们亲切地称之为"习桐"。焦桐挺拔，习桐伟岸，焦桐习桐之间，万千泡桐同生共长，郁郁葱葱，浩瀚成林，"绿我涓滴，会它千顷澄碧"。从"焦桐"到"习桐"，是精神的厚植，更是信仰的传承，滋养着焦裕禄精神永远流传、永放光芒。

　　习近平总书记曾三到兰考，2014年3月，习近平总书记在河南省兰考县调研指导党的群众路线教育实践活动时指出："学习弘扬焦裕禄精神，要重点学习弘扬焦裕禄的公仆情怀、求实作风、奋斗精神和道

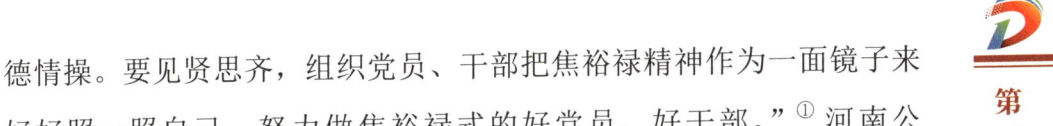

德情操。要见贤思齐，组织党员、干部把焦裕禄精神作为一面镜子来好好照一照自己，努力做焦裕禄式的好党员、好干部。"① 河南公司牢记总书记嘱托，以党的二十届三中全会精神为指引，主动作为，在兰考成立乡村振兴数字研究院，以新质生产力赋能农业发展，助力兰考深入实施"藏粮于地、藏粮于技"战略，为统筹新型工业化、新型城镇化，推进河南全面乡村振兴作出移动贡献。

一、打造智慧农田，引领农业发展新风尚

2021年12月，习近平总书记在主持召开中央政治局常委会会议专题研究"三农"工作时强调："十八亿亩耕地必须实至名归，农田就是农田，而且必须是良田。"② 为助力全省高标准农田建设，下好耕

◎ 各单位到河南公司乡村振兴数字研究院参观学习

---

① 《大力学习弘扬焦裕禄精神——习近平总书记在河南兰考调研指导党的群众路线教育实践活动纪实》，《人民日报》2014年3月19日。

② 习近平：《论"三农"工作》，中央文献出版社2022年版，第327页。

地保护"关键棋"，河南公司乡村振兴数字研究院为兰考量身打造了"5G+高标准农田指挥调度平台"，依托农田环境与农情采集分析、农田基础地理信息采集、农业植保监测、气象环境预警四大模块，全方位监测农田数据，为种植户们开启"千亩良田一户种、千亩良田一人管"的新模式。

兰考县"5G+高标准农田指挥调度平台"，深度覆盖了一批乡村振兴重点应用场景，实现了监测预警、运营管理、决策处置等核心环节闭环贯穿。平台不仅能统一展示"耕种管收"农事作业进度，为县级针对性资源调度提供数据支撑，推动农事服务更方便，确保种粮节本增效，还能融合"高标准农田+绿色种养循环+数字乡村"，为构建生态宜居和美乡村打下坚实基础。数字化的加入，不仅助力了高标准智慧农田的建设，还推动了数字农业的规模化发展和农业生产方式变革。先进生产方式又进一步带动企业增效、农民增收、集体经济不断壮大，实现"1+1+1>3"的可喜成果。

目前，在该项目基础上，河南公司又推动了 65 个相关项目落地，金额突破 3.06 亿元，其中省外落地 9 个。河南公司将持续打造数农融合的"乡村大脑"，为创新兰考模式、输出兰考标准、打造全国标杆提供核心支撑。

二、打造智慧农机，促进粮食生产新飞跃

习近平总书记指出："要把发展农业科技放在更加突出的位置，大力推进农业机械化、智能化，给农业现代化插上科技的翅膀。"[①] 河南

---

① 习近平：《论"三农"工作》，中央文献出版社 2022 年版，第 218 页。

公司依托"5G+高标准农田指挥调度平台",从天、空、地3个维度实现远程自动化精准灌溉、植保无人机喷洒农药、智能化农机耕种收割等功能,让农事作业全自主更精准,极大降低人工成本,提高工作效率。

春灌时节,种植户只需要一部手机,坐在家里就能轻松实现浇地远程操作。"5G+智慧农业"项目的建成,彻底改变了过去的灌溉模式,土地管理人员只需要一个APP,手指一摁便能轻松浇地,且浇灌均匀、干湿合理,最大化解放劳动力,彻底解决过去出水量不均衡、劳动强度大的浇地难问题,形成强烈的示范推广效应,促进高效节水灌溉的全面应用。与此同时,智慧平台让农业种植更加便捷高效,田地里的多种智能传感器可以全天候采集空气湿度、土壤温湿度、光照强度等参数,为智慧农业系统和相关配套设施提供气象、虫情、墒情和苗情,实现在线数据传输、保存、展示,为科学种植提供数据支撑。"通过'5G+智慧农业'科学种田,农民实现了粮食增产增收,更多的人端稳了'手中碗'、盛满了'安全粮'!"黄泛区种植大户张乐意赞叹道。

◎ 无人机喷洒农药

随着"5G+农业"技术的推广及应用，高标准农田数字化运管模式日渐成熟。河南公司发挥信息技术和 5G 网络优势，全力打造智慧农业管理云平台，让农田的种植更精准、管理更智能，推动粮食增产、农业增效、农民增收。据统计，经 5G 技术加持，农药施用量可减少约 20%，化肥施用量可减少约 10%，农民年均增收约 650 元 / 亩。

三、打造智慧乡村，提升农村治理新效能

习近平总书记指出："要提升乡村产业发展水平、乡村建设水平、乡村治理水平，强化农民增收举措，推进乡村全面振兴不断取得实质性进展、阶段性成果。"[①] 河南公司认真落实总书记要求，携手生态伙伴，在兰考各乡镇搭建了数字乡村平台。该平台集视频监控、房屋数字化管理、村容村貌监控、应急消防等多种功能于一体，破解了乡村管理中数字化手段缺失、治理效率偏低等难题，实现了村庄治理数据的集中展示与高效管理。

自 2024 年 1 月启动平台能力建设以来，河南公司已推动落地 14 种自有成熟算法，具备视频汇聚、视频 AI 场景应用、视频融合解决方案的落地支撑能力。兰考视联网项目共汇聚视频 4546 路，其中平安乡村 2469 路、和家亲 1379 路、天眼 104 路、蓝天卫士 219 路、高标准农田 197 路、明厨亮灶 102 路、沿街商铺 15 路、学校 61 路。

在数字乡村的深入构建中，河南公司还注重乡村教育信息化的推进。通过与教育部门的合作，河南公司在兰考乡村学校部署了高速 5G 网络及智慧教育平台，为乡村学生提供了丰富的在线教育资源和互动

[①]《中央农村工作会议在京召开 习近平对"三农"工作作出重要指示》，《人民日报》2023 年 12 月 21 日。

学习工具。这不仅解决了乡村教育资源匮乏的问题，还促进了教育公平，让乡村孩子也能享受到高质量的教育资源。

此外，河南公司还积极推动乡村智慧医疗体系建设。通过引入 5G 远程医疗技术，实现了县级医院与乡村卫生室的实时联通，为乡村居民提供了便捷的远程问诊、健康咨询和紧急救援服务。这一举措极大地提升了乡村医疗服务水平，让村民们在家门口就能享受到高质量的医疗服务，有效缓解了乡村看病难、看病贵的问题。

四、打造绿色产业，共绘乡村振兴新蓝图

习近平总书记强调："农业农村工作，说一千、道一万，增加农民收入是关键。"[①] 河南公司充分发挥兰考泡桐产业的优势，通过搭建电商平台、开展直播带货等方式，助力兰考民族乐器等特色农产品走向全国乃至全球市场。

◎ 兰考音乐小镇的商户使用 5G 直播

为助力泡桐产业发展，河南公司基层党组织组建党员攻坚突击队，深入调研兰考音乐小镇堌阳镇，并因地制宜为小镇量身打造 5G 网络覆盖方案。直播间里清晰的画质、音质，都是移动人不懈奋斗的动力。昔日盐碱地，今朝琴声扬。泡桐让兰考变身"中国民族乐器之乡"，兰

---

① 习近平：《论"三农"工作》，中央文献出版社 2022 年版，第 46 页。

考民族乐器产业年产值达 30 余亿元。

在推动绿色产业发展的过程中，河南公司还注重乡村生态旅游的开发与建设，依托兰考丰富的自然资源和独特的泡桐文化，助力打造了多个乡村生态旅游项目，如民族乐器体验、农耕文化展示等。这些项目不仅吸引了大量游客前来观光体验，还带动了乡村住宿、餐饮、手工艺品等相关产业的发展，为乡村经济注入了新的活力。

同时，河南公司还积极引导和支持乡村特色农产品的品牌化建设。通过搭建电商平台、开展直播带货等方式，帮助乡村农民拓宽销售渠道，提高产品知名度和附加值。特别是针对兰考的泡桐制品、番茄、酥梨等特色农产品，充分发挥信息化优势，助力它们走出乡村、走向全国乃至全球市场，为乡村经济发展注入了强劲动力。

"生也沙丘，死也沙丘，父老生死系。""为官一任，造福一方，遂了平生意。"一首《念奴娇·追思焦裕禄》，写出了焦裕禄同志的为民情怀与奋斗本色。河南公司将牢记习近平总书记嘱托，传承弘扬焦裕禄精神，加快农业强国建设步伐，加强乡村基础设施建设，赋能乡村产业转型升级，构建乡村数智治理体系，以新质生产力推动乡村全面振兴。

▲（文／图　刘　芳）

光荣之城，出发！

上海是中国共产党的诞生地、初心始发地和伟大建党精神孕育地。党的二十届三中全会指出，坚持人民城市人民建、人民城市为人民。中国移动上海公司（以下简称"上海公司"）传承红色基因、赓续红色血脉，结合新形势新任务、新战略新要求，从伟大建党精神、人民城市建设中汲取力量，凝练"向上 向善"企业精神，用心用情办好民生实事，创新技术助力精准治理，持续推动实现数实融合赋能千行百业，不断增强人民群众的获得感、幸福感、安全感，助力上海加快建成具有世界影响力的社会主义现代化国际大都市，积极主动在践行人民城市理念上不断迈出新步伐。

襟江带海，长风万里；百舸争流，奋楫者先。党的十八大以来，习近平总书记多次到上海考察调研、出席重要活动，作出重要指示，交办重大任务，赋予重大使命。2020年11月，习近平总书记在浦东

◎ "新动力量"宣讲团成员在宣讲基地"南湖1921·红色列车"上宣讲

开发开放30周年庆祝大会上指出:"展望未来,我们完全有理由相信,在新时代中国发展的壮阔征程上,上海一定能创造出令世界刮目相看的新奇迹,一定能展现出建设社会主义现代化国家的新气象!"[1] 总书记的深情勉励,为这座超大城市指明了前进方向。

上海公司牢记习近平总书记殷切嘱托,凝心铸魂学思想,实干笃行建新功,充分发挥网信技术优势,以5G赋能千行百业、服务社会民生的创新实践,彰显"为党工作、为民服务、为国担当"的信念情怀和奋斗力量。

一、中共一大会址:走得再远都不能忘记来时的路

回望百年征程,中共一大会址既是中国共产党的诞生地,也是伟

---

[1] 习近平:《论中国共产党历史》,中央文献出版社2021年版,第313页。

大建党精神的孕育地。习近平总书记在瞻仰中共一大会址时强调:"只有不忘初心、牢记使命、永远奋斗,才能让中国共产党永远年轻。"[1]

作为本地网络建设的主力军,上海公司大力弘扬伟大建党精神,积极落实"满格上海""光耀申城""算力浦江"等行动,以打造红色主题场景精品网络为切入点,连点成片,以点带面,加快全市5G-A和万兆光网建设,率先启动千站规模商用,与上海市政府深化战略合作,共建"上海5G A^{2}示范之城",为城市高质量发展铺设起高品质的"信息高速"。以5G、VR和商务直播等新技术为依托,携手全国首家红色资源信息化平台"红途",发挥平台集中资源优势,深化与本地红色资源联结,为重点爱国主义教育基地提供场馆预约技术支持及全方位的通信网络保障,为上海红色文化插上信息化的翅膀;以"党建强链"

◎ 助力建设"上海5G A^{2}示范之城",点亮美好数字生活

---

[1] 本书编写组:《中国共产党简史》,人民出版社、中共党史出版社2021年版,第479页。

为纽带，联合中共一大纪念馆发布上海公司"星火"基层宣讲品牌，推出"红色传承"志愿服务项目清单，共同参与场馆"党的诞生地"志愿讲解服务，助力上海建设习近平文化思想最佳实践地。以"新动力量"现场宣讲基地——"南湖1921·红色列车"为载体，上海公司为乘客们常态化开展"重走一大路"红色宣讲，将宣讲基地打造为与外部共建单位"理论共学"的第二课堂，讲好初心之地伟大建党精神红色故事、讲好移动人推动高质量发展的实践经验，推动党的创新理论深入一线，将初心记忆"驶入人心"！

二、杨浦滨江：城市是人民的城市，人民城市为人民

2024年是习近平总书记提出"人民城市人民建，人民城市为人民"重要理念5周年，从一根"秀带"书写出一城巨变，人民城市理念始终贯穿城市发展全过程和城市工作各方面。

把党组织建在经济社会最活跃的经络上，是上海基层党建的重要经验之一。作为5G服务大众的先行者，上海公司始终牢记习近平总书记对上海基层党建"继续探索、走在前头"的殷殷嘱托，充分发挥移动信息化技术优势，深化"党建强链"，通过"向上向善·城市数字化转型"志愿先锋行动等主动融入楼宇党建、社区党建、滨江党建等，既服务超大城市治理大课题，又解决百姓关切小

◎ 为楼宇内"两新"组织、个人客户提供定制化的驻点服务

细节，在赋能千行百业数字化转型、助力打响上海营商服务品牌、服务百姓美好数字生活中洒下点点星火，让"人民城市"更有温度。

从最开始"支部建在楼上"，到如今楼宇党建已迈入了"善治理"的 4.0 阶段。上海公司结合楼宇党建创新实践，有效将党组织优势转化为楼宇善治效能。在陆家嘴金融城，每一幢楼都是一个"垂直社区"，2021 年，上海公司首个"中国移动楼宇服务站"在这里揭牌，成为上海公司在"亿元楼"开展立体化网格服务的创新探索。在静安区的凯迪克大厦，上海公司携手"党建和创"共建单位凯迪克大厦楼宇党委，共同赋能楼宇治理和楼宇企业服务，为楼宇解决了多年的手机信号覆盖问题，并铺设了千兆光纤和 5G 网络，同时为楼内的企业、个人分别提供定制化、驻点化的信息通信服务，共同擦亮楼宇党建品牌，为"竖起来的社区"持续提供更加优质的服务，点亮这座城市的"天际线"。

三、浦东新区：成为更高水平改革开放的开路先锋

上海是我国改革开放的前沿阵地，浦东新区更是前沿阵地中的"排头兵"。一项项改革措施在这里完成试点任务、取得经验后，陆续被复制、推广到全国。习近平总书记一直关注、牵挂着浦东新区的发展。2020 年 11 月 12 日，在浦东开发开放 30 周年庆祝大会上，习近平总书记指出，浦东要"勇

◎ 携手合作伙伴在浦东金桥打造全国首条 5G-A 车联网全要素验证示范路线

于挑最重的担子、啃最硬的骨头,努力成为更高水平改革开放的开路先锋、全面建设社会主义现代化国家的排头兵、彰显'四个自信'的实践范例,更好向世界展示中国理念、中国精神、中国道路"[①]。

上海公司积极投身浦东社会主义现代化建设引领区的火热实践中,以科创驱动加快发展新质生产力,促进数实深度融合,为谱写中国式现代化的上海新篇章贡献移动力量。公司以"5G-A×AI"促进车路协同,AI感知引擎与5G网络的无缝融合,让车辆与道路设施实现智能交互,打造安全、高效的出行环境,助力上海建设全国"AI×5G-A"车联示范城市。在浦东金桥,携手华为等合作伙伴,开通全国首条5G-A车联网全要素验证示范路线,为实现车路协同提供"上海样本"。

◎ 联合宝山钢铁股份有限公司共同打造"5G A^2"智慧钢铁厂示范项目

---

① 习近平:《在浦东开发开放30周年庆祝大会上的讲话》,人民出版社2020年版,第6页。

加快建设国际经济中心、金融中心、贸易中心、航运中心、科技创新中心，是党中央赋予上海的重要使命，也是上海实现高质量发展的必由之路。上海公司紧扣"五个中心"建设重要使命，积极发挥浦东新区引领示范效应，为上海全域数智化转型及经济社会高质量发展提供"5G A²"动能，注智赋能千行百业。面向传统钢铁冶金行业，公司联合宝山钢铁股份有限公司共同打造"5G A²"智慧钢铁厂示范项目，助力搭建"1张入驻式5G专网+4大智慧平台+5大类83个应用场景"，有效解决"数据处理慢、设备数据监测难、工序能耗大"等痛点。面向传统资源消耗型重工业船舶行业，与振华重工合作，打造首个5G岸桥调试远程集控管理平台项目，同步构建"5G+生产全场景数字孪生系统"，进一步实现厂区智慧高效管理，让工业生产实现精准控制、降本增效。

向上而进、向新而行，上海公司将深入贯彻党的二十届三中全会精神，不断凝聚改革共识、激发改革热情，践行"向上 向善"企业精神，以实际行动助力中国移动高水平建设世界一流信息服务科技创新公司，为服务上海加快建成具有世界影响力的社会主义现代化国际大都市、在推进中国式现代化中充分发挥龙头带动和示范引领作用贡献更大力量！

▲（文/图 刘 玲 杨 博）

大平台背后的"国之大者"

党的二十届三中全会指出:"坚持以人民为中心,尊重人民主体地位和首创精神,人民有所呼、改革有所应,做到改革为了人民、改革依靠人民、改革成果由人民共享。"把群众利益放在第一位,让人民生活幸福是"国之大者"。习近平总书记在不同场合多次提及"国之大者",并一再强调,要对"国之大者"心中有数。在中国移动线上大平台建设中,中国移动在线营销服务中心(以下简称"在线中心")牢记"国之大者",遵循"守大道、应大势、办大事"的要求,将31个省(区、市)分散的APP整合成一个统一的线上大平台,并运用AI赋能智慧服务,不断满足群众网上服务需要,在数智为民服务中持续擦亮"心级服务"品牌。

习近平总书记强调:"网信事业发展必须贯彻以人民为中心的发展思想,把增进人民福祉作为信息化发展的出发点和落脚点,让人

◎《大平台背后的"国之大者"》作品亮相集团公司"新动力量"宣讲报告会

民群众在信息化发展中有更多获得感、幸福感、安全感。"① 在线中心牢记嘱托，心怀"国之大者"，勇担中国移动线上大平台建设重任，切实把增进人民群众福祉、满足美好数字生活需求作为信息化发展的出发点和落脚点，汇众智、聚众力，合力攻坚中国移动APP整合"一号工程"，为广大客户提供更加智慧便捷、更有科技温度的服务。

一、守大道，用更优服务守护"人民幸福"大道

习近平总书记强调："人民对美好生活的向往，就是我们的奋斗目

---

① 中央网络安全和信息化委员会办公室：《习近平总书记关于网络强国的重要思想概论》，人民出版社2023年版，第128页。

标。"① 抓改革、促发展，归根到底是为了让老百姓过上更好的日子，让人民群众生活幸福是"国之大者"。在线中心始终坚持以人民为中心，紧扣满足人民群众美好数字生活需要，打造中国移动线上大平台、大入口，用更优服务守护"人民幸福"大道。

过去，全网共有 20 余款移动系 APP，客户线上查缴办业务往往容易"挑花眼"。面对 APP 种类繁多、不同 APP 带来的体验五花八门以及群众网上服务感知不一、口碑分化、满意度参差不齐等诸多问题，建设一个统一的线上大平台，解决人民群众网上办事难的问题，成为线上服务转型的头等大事，整合工作刻不容缓。

在线中心全面落实以人民为中心的发展思想，从提升人民群众网上服务满意度的角度出发，将中国移动 APP 整合作为党委"一号工程"，充分运用和汇聚全网 700 余个党员先锋岗、400 余个党员责任区和近 900 支党员突击队的力量，合力攻坚整合工作。

整合后的中国移动 APP，用户规模超 3 亿，居央企首位；重点业务月销量较整合前提升 119%、渠道营销价值提升 68.7%、工信部电子渠道满意度保持行业领先。这个统一的线上大平台也逐步发展成为响应和满足人民群众线上需要的

◎ 在合作伙伴大会上展示整合后的中国移动 APP

---

① 《习近平著作选读》第 1 卷，人民出版社 2023 年版，第 60 页。

窗口，提供 7×24 小时不间断线上服务，随时随地响应客户需求；实现吃、喝、玩、乐等生活服务权益的聚合，满足客户多元需要。在这个平台上，各省、专业公司携手服务中国移动超 10 亿用户，让广大人民群众共享美好数字生活，用实际行动践行了"党旗飘扬在一线、为民服务永在线"。

二、应大势，运用数智化手段促线上大平台升级

习近平总书记强调："人工智能是引领这一轮科技革命和产业变革的战略性技术，具有溢出带动性很强的'头雁'效应。"[①] 近年来，大模型等人工智能技术进入成果爆发期，在多方面展现出强大的创新力和广泛的应用前景，"AI+"已经成为新时代的大势所趋。在线中心积极顺应时代发展大势，落实集团公司"主动把握'AI+'时代潮流，推动'5G+'向'AI+'延伸拓展"的要求，以数智化建设推动线上平台从"整合好"向"运营好"迈进，全力做好整合的"后半篇"文章。

以"链上党建"为抓手，充分发挥整合后统一入口优势。围绕中国移动 APP 运营提效目标，在线中心发挥战建协同优势，不断拓展深化"在线＋地市""线上＋线下"的"和创"模式，通过对外生态总对总引入权益，对内承载各专业公司智能硬件、数字生活服务等举措，实现平台合作权益品牌超 1 万个，接入权益产品超 2 万款。如今的中国移动 APP，已经从一款提供通信基础服务的工具 APP，进阶成为更便捷、更丰富、更聪明的数智生活超级 APP，涵盖通信业务、衣食住行娱等全方面的服务，在满足客户多元化需求的同时，也让平台与人民

[①]《习近平在中共中央政治局第九次集体学习时强调　加强领导做好规划明确任务夯实基础推动我国新一代人工智能健康发展》，《人民日报》2018 年 11 月 1 日。

群众的数字生活紧紧连接。

以数智技术为突破，多维度推动客户感知升级。坚持推进"AI+APP"革新，在线中心依托中国移动"九天"大模型，打造基于中国移动APP的AI智能体"灵犀"，以数智形象为载体，发挥智能体自主理解和分析决策能力，在APP中深度嵌入"通信+生活"场景，提供跟随式贴心服务，

◎ 大模型技术让服务更智能

作为专属"通信助理"和"生活顾问"，让用户实现一键直达所需，让服务更智慧化、人性化，让人民群众更省心。该应用也成为集团首个面向客户规模化应用的大模型应用，入选工信部2024年新型数字服务优秀案例，获评2024年数博会优秀科技成果。

三、办大事，管战建协同共答数智为民答卷

习近平总书记强调："只有合作共赢才能办成事、办好事、办大事。"[①] 中国移动APP的整合及运营工作千头万绪、牵一发而动全身，仅仅依靠专业公司的力量是远远不够的。在线中心坚持系统观念，立足线上渠道的生产运营者、在线服务的全网提供者、全网生态合作运营的支撑者、智能化营销服务能力的构建者的"四者"定位，主动融入集团管战建组织运营体系，在整合及运营中不断增强工作的系统性、整体

---

① 《习近平出席第三届"一带一路"国际合作高峰论坛开幕式并发表主旨演讲》，《人民日报》2023年10月19日。

性、协同性，与各省、专业公司同题共答、合力攻坚，办好为民服务的好事、大事。

为了提高"办成事"的效率，在线中心在整合攻坚中不断实践"集团管总，明确发展要求；省公司主战，促进流量变现；专业公司主建，做好平台支撑"的多极协同模式，按照"统一入口、统一框架、统一平台、多极运营"思路，分4批次完成两级APP整合。在此基础上，以"爱服务 永在线"党建品牌为牵引，以"三级书记"项目推动深化"管战建"合力攻坚，完成中国移动线上服务体系和销售体系整合，实现线上服务"触客、体验"双领先，线上销售"规模、价值"双增长。

为了提升"办好事"的便利，让群众享受"一站式"线上服务，在线中心在整合及运营中运用联动引流、联合营销、联名产品等方式，持续丰富头部合作、权益运营等方面的合作模式，进一步撬动内外生态资

◎ 做好杭州亚运会服务保障

源向线上汇聚，不断扩大中国移动APP的"朋友圈"。在实践中提升生态建设能力，通过积极补链、强链、固链，与产业各方共同打造合作共赢的生态系统，有效发挥央企的行业领军作用。同时，通过生态共建模式，实现资源共享、业务共拓、增长共进的可持续发展，为生态链上下游企业提供了数以千计的就业岗位和机会，彰显央企社会责任担当。

为了发挥集中力量"办大事"的优势，在备战杭州亚运会、应对"京津冀"暴雨突袭、做好甘肃积石山地震和沿海台风等灾害天气应急保障中，在线中心积极发挥服务优势，主动融入重大服务保障大局，通过统筹调度全网服务资源、优化服务策略、加强属地协同配合等举措，集中力量确保重大服务保障"零差错"，确保受灾地区 7×24 小时全天候服务不掉线、服务品质不下降，让每一次大战大考都成为凝聚新动力量的重要契机，让每一通暖心热线都成为世界一流品牌的靓丽代言！

面向新征程，在线中心将牢牢把握"国之大者"，始终坚持以人民为中心、做人民满意的事，在"心级服务"的路上，守大道、应大势、办大事，让中国移动线上大平台绽放新时代的奋斗光彩。

▲（文／图 岳 盛）

打造新质内容，奏响时代强音

习近平总书记指出，要在创造性转化和创新性发展中赓续中华文脉，探索文化和科技融合的有效机制，实现文化建设数字化赋能、信息化转型，把文化资源优势转化为文化发展优势。[1] 中国移动咪咕公司（以下简称"咪咕公司"）深入学习贯彻习近平文化思想，深刻把握党的二十届三中全会精神，坚定扛起党和国家赋予的文化使命，紧扣中国移动内容生产者、聚合者、传播者总体要求，积极攻关元宇宙关键技术、发展新质生产力，依托AI、AR、数智人等新兴技术，推动传统文化内容向"新质内容"转变，推进元宇宙文旅、文博、文体、文商等领域的文化实践创新，助力中华优秀传统文化创造性转化、创新性发展。

---

[1]《习近平在中共中央政治局第十七次集体学习时强调　锚定建成文化强国战略目标　不断发展新时代中国特色社会主义文化》，《人民日报》2024年10月29日。

◎ 咪咕公司以数实融合形式举办"新动力量"宣讲报告会

习近平总书记指出:"要以科技创新引领产业创新,积极培育和发展新质生产力。"① 党的二十届三中全会提出,"探索文化和科技融合的有效机制,加快发展新型文化业态"。咪咕公司深入贯彻落实习近平文化思想和党的二十届三中全会精神,牢牢把握"内容+科技+融合创新"核心路径,用"数实结合"助力传统文化弘扬传承和文化繁荣发展,通过融入元宇宙、比特空间、AR、AI、5G融媒体、数智人等新场景新体验,使新时代宣传思想文化工作焕发生机、走进千家万户,数智赋能社会发展。

一、赋能文旅领域数字升级

早在 1987 年,时任厦门市委常委、副市长的习近平同志特别对鼓

---

① 《习近平主持召开新时代推动中部地区崛起座谈会强调 在更高起点上扎实推动中部地区崛起》,《人民日报》2024 年 3 月 21 日。

浪屿的价值分析道："很有必要视鼓浪屿为国家的一个瑰宝，并在这个高度上统一规划其建设和保护。"①2024年10月，习近平总书记在福建考察时强调："推进文化和旅游深度融合发展，把文化旅游业培育成为支柱产业。"②中国移动咪咕公司与厦门市政府自2022年起开启元宇宙发展五年战略合作，独家打造世界文化遗产鼓浪屿"元宇宙第一岛"，依托"5G+算力网络"、云渲染引擎等技术手段，1：1复刻仿真线上空间，让用户可以通过线上文旅游览、互动娱乐、消费购物等数字生活体验穿透时空，感知1.88平方公里"海上花园"鼓浪屿的历史风烟。2024年国庆期间，咪咕公司通过升级"GPS+VPS"导航技术，

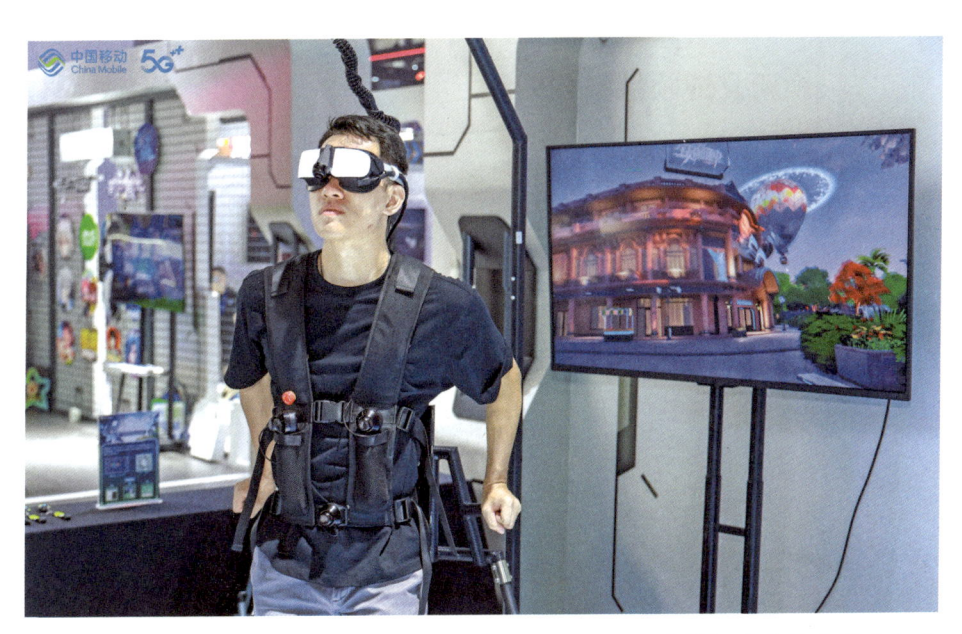

◎ 游客通过VR万向跑步机体验鼓浪屿元宇宙

---

① 《习近平同志推动厦门经济特区建设发展的探索与实践》，《人民日报》2018年6月23日。
② 《习近平在福建考察时强调　扭住目标不放松　一张蓝图绘到底　在中国式现代化建设中奋勇争先》，《人民日报》2024年10月17日。

将鼓浪屿现存的八处红色遗迹连点成线，打造 AR 伴游全新体验，陪伴市民游客以更沉浸的方式重走世遗琴岛的百年红色之旅，深切缅怀革命先辈，传承红色基因，助力讲好鼓浪屿和闽南文化故事，推动更多中华优秀传统文化深入人心。

"宝顶千佛影，北山万石魂。"除了厦门鼓浪屿，咪咕公司还聚焦世界文化遗产大足石刻，依托实时云渲染、数字孪生、边缘云计算、数智人等前沿技术，对重庆大足石刻景区进行数字采集与实景建模，以 8K 影视级的高清水准将景区 1∶1 复刻至云端数字世界，让用户可以通过各类终端设备沉浸式体验大足石刻景区艺术及非遗文化，促进了重庆地区文化遗产的数字化保护和传承。

二、焕新文博领域数智体验

"敦煌古刹尽精华，佛寺千年满壁华"。习近平总书记在新时代推动西部大开发座谈会上强调，"进一步形成大保护、大开放、高质量发展新格局"，"强化科技创新和产业创新深度融合"。[①] 咪咕公司以数智化赋能西部地区顶级文博项目，携手敦煌研究院打造精灵讲解员"敦敦"，有效解决了游客们"面对莫

◎ 数字导览员"敦敦"带领游客游览敦煌莫高窟

---

① 《习近平主持召开新时代推动西部大开发座谈会强调　进一步形成大保护大开放高质量发展新格局　奋力谱写西部大开发新篇章》，《人民日报》2024 年 4 月 24 日。

高窟壁画不知从何看起"的难点，依托前沿的 AI 引擎、图片识别、3D 场景展陈与互动等新技术，进一步增强壁画历史背景故事的表现形式，提高导览精确度与感染力，让游客们 360 度全景沉浸式"走入"敦煌壁画的历史与文化中，同时有效缓解传统人工讲解强度大、讲解内容固定化、讲解体验差等问题，大幅提高博物馆的展陈效率，助力中华优秀传统文化创造性转化、创新性发展。

1933 年，故宫博物院开展了一场空前绝后的文物保护行动，历时 20 余年，辗转上万公里，保护 19621 箱文物免于损毁劫掠，保全了民族文化根脉。为了纪念这段珍贵的民族历史，咪咕公司携手故宫博物院、人民日报、《国家人文历史》杂志社，创新打造故宫文物南迁数字展《国宝的长征》，基于算力网络、XR 互动技术、空间定位、AI 与云计算技术、沉浸式光影技术、人工智能、超高清修复、数字引擎、多媒体影像等多种国内首创展演融合方式，以数智化、沉浸式的展呈技术手段讲述故宫文物南迁历史，阐释南迁文化价值，展现国宝文物魅力，让游客在参与、互动、体验的过程中感悟文化根脉与家国情怀。

三、深化文体领域数智融合

潮起钱塘江，澎湃亚细亚。2023 年 9 月，万众瞩目的第 19 届杭州亚运会在之江大地拉开帷幕，习近平总书记在开幕式致辞中强调："我们要以体育促包容，增强文明自信，坚持交流互鉴，续写亚洲文明新辉煌。"[1]

---

[1] 习近平：《在杭州第十九届亚洲运动会开幕式欢迎宴会上的致辞》，《人民日报》2023 年 9 月 24 日。

◎ 杭州亚运会数智互动玩法

咪咕公司坚持守正创新，以数智科技助燃"智能"亚运，打造了亚运会历史上首场开幕式数智融合 AR 互动。在"5G+云算力"支持下，咪咕公司在短短一个月内，首创具备超密组网能力的 5G 自呼吸弹性网络构架，融合人工智能、AI 空间定位、AR 云渲染、AI 数字建模等多种技术，实现场内外数亿名观众与数字火炬手同屏互动点燃数字火炬，打造了元宇宙空间独家亚运禾力城，以 300 人嘉宾天团、20 档衍生综艺，多角度呈现亚运精彩时刻，并推出闽南语、粤语直播智能字幕传递"亚运声音"。一项项全球首推、首创、首用的技术应用，为杭州亚运会装上科技之眼、创新之翼，绘就了体育与科技交汇的智能图景，为国际社会呈现别具一格的亚运风采。

四、拓展文商领域数智边界

2018 年 8 月，习近平总书记在全国宣传思想工作会议上的讲话中指出，要"推动各类文化市场主体发展壮大，培育新型文化业态和文化消费模式"[①]。党的二十届三中全会把"建设社会主义文化强国"列入进一步全面深化改革的"七个聚焦"之一，强调要"丰富人民精神文化生活"。

---

① 中共中央党史和文献研究院编：《习近平关于社会主义精神文明建设论述摘编》，中央文献出版社 2022 年版，第 257 页。

咪咕公司深挖元宇宙应用场景，探索创新商业模式。上海的南京路是上海开埠后最早建立的一条商业街，一直以来被誉为"中华商业第一街"，素有"十里南京路，一个步行街"的称号，路旁遍布各种上海老字号商店及商城，每天都是游人如织、熙熙攘攘。这种繁华景象不仅存在于现实世界，也被复刻到元宇宙的虚拟空间中。咪咕公司依托数实融合、时空扩展等技术，高精度复刻南京路步行街商貌，打造元宇宙"南步新乐元"，彰显南京路特色人文数字景观。2024年新春期间，"南步新乐元"将摩登街区与中国传统文化融合，为用户献上数智时代的"中国年"新玩法，将百年商街与前沿科技完美融合，展现出传统与创新交织下的无限可能，探索出一条以新技术带动商家形成新商业爆点的转化路径。

◎"南步新乐元"数智龙年商业玩法

2024年4月，一场别开生面的"周同学×杭州西湖音乐喷泉AR互动秀"在杭州西湖畔上演，咪咕公司以万人同场并发协同互动、云边端多级融合感知定位、动态演绎场景AR体验等技术创新，做到让市民游客既能"看"还能"玩"，甚至还能定制视频彩铃"分享"，实现了中国移动5G-A在数智文旅领域的商业化"首秀"，赋予"欲把西湖比西子，淡妆浓抹总相宜"数字时代新的诠释。

向"新"而行，争创一流。作为兼具运营商特色和互联网特点的数字内容平台科技创新公司、数字中国科技强国文化强国的新媒体国家队、中国移动转型升级改革创新的生力军,咪咕公司将坚定扛起党和国家赋予的文化使命,紧扣内容生产者、聚合者、传播者总体要求,持续攻关元宇宙关键技术、发展新质生产力,推动传统内容向"新质内容"转变,以新质内容焕彩美好生活,助力宣传思想文化工作再上新高度!

▲(文/图 陈 琳 高 巍)

第二篇

科创兴企铸重器

科技创新是强国之基、兴企之本。党的十八大以来，以习近平同志为核心的党中央把创新摆在国家发展全局的核心位置，高度重视科技创新。中国移动主动融入国家科技创新大局，着力锻造网信领域"大国重器"，争当推进高水平科技自立自强、建设现代化产业体系、发展新质生产力的"三个排头兵"，为全面建设世界一流信息服务科技创新公司注入强劲动力。本篇章汇聚中国移动关于科技创新方面的优秀作品，充分展示中国移动在实施"两个新型"升级、"BASIC6"科创、"AI+"行动"三大计划"，攻关关键核心技术，以科技创新引领产业创新等方面的担当作为。

[九] 人工智能大模型

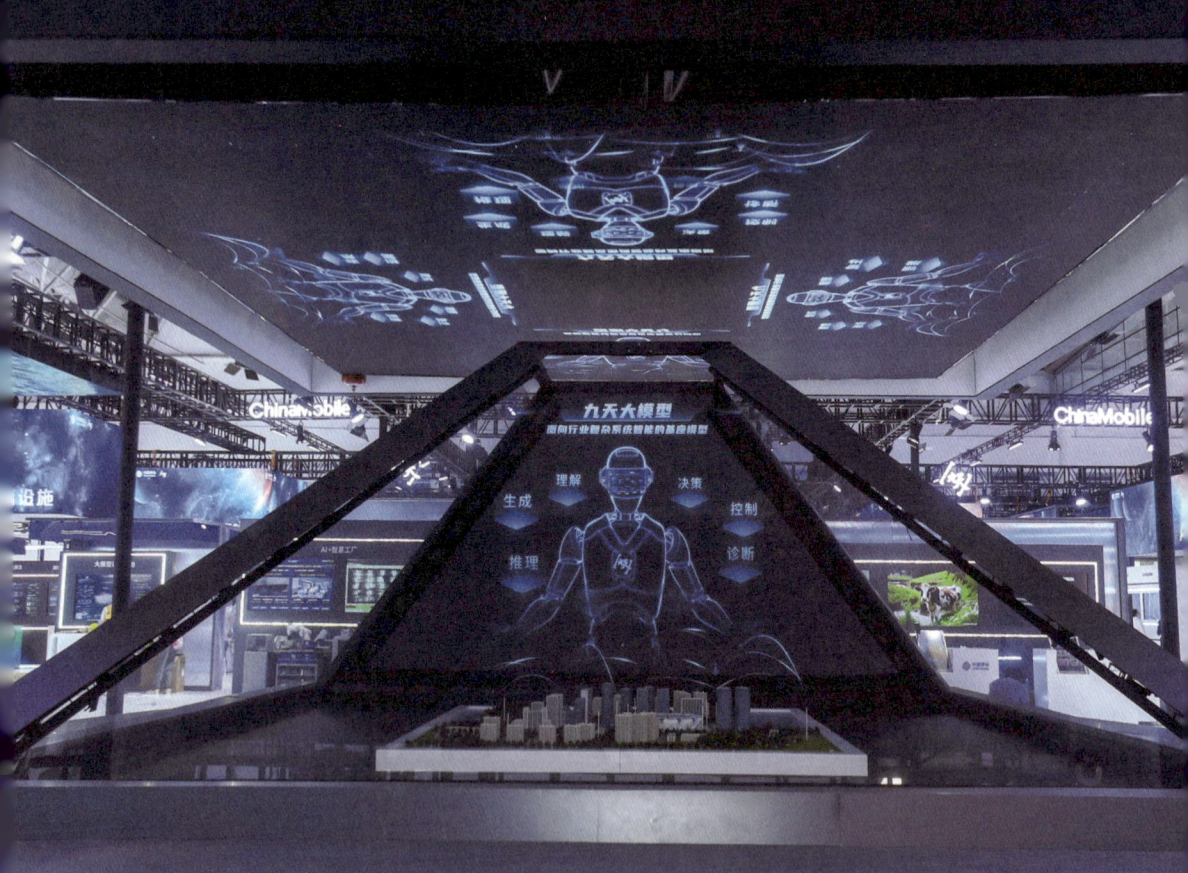

九天大模型
面向行业暨复杂系统智能的基座模型

理解 决策
生成 控制
推理 诊断

中国移动 China Mobile | [九]

紫金之巅

党的二十大报告指出，要以国家战略需求为导向，集聚力量进行原创性引领性科技攻关。党的二十届三中全会提出"健全因地制宜发展新质生产力体制机制"，并对发展新质生产力进行了系统部署。中国移动江苏公司（以下简称"江苏公司"）始终把科技创新作为锻造企业核心竞争力的关键，勇担网信领域国资央企的使命任务，坚持以人民为中心，坚持创新驱动，积极发挥科技创新、产业控制、安全支撑作用，为培育壮大新质生产力、构建新型信息服务体系注入强大动力。

这是中国移动紫金（江苏）创新研究院（以下简称"紫金研究院"）的新产品——5G云小站。别看它外表"洋气"，里面可是中国"芯"。习近平总书记在江苏考察时强调："要走求实扎实的创新路子，

◎《科技强国　青年有为》作品亮相集团公司"新动力量"宣讲报告会

为实现高水平科技自立自强立下功勋。"[1] 正是肩负这样的使命重托，在"中国移动工匠"郑康的带领下，紫金研究院"磐石"青创先锋工作室团队聚焦"国产化"这一目标，开展了长达 500 多天的漫长攻坚，经历了多达 72 次的功能迭代，测试足迹东至东海海域、西至青藏雪原，最终在完成核心器件国产化的同时，还降低了 30% 的成本，实现了从"技术跟随"到"创新引领"的完美蜕变。

为积极落实国家创新驱动发展战略，江苏公司按照中国移动"一体五环"科技创新布局，联合集团研究院于 2021 年成立紫金研究院，通过共建共管、"两给两出"，致力于打造"关键技术攻关者、成果转化开拓者、政用产学研链接者"并重的新型研发机构。近年来，紫金研究院积极发挥属地优势，坚持机制改革与科技创新双轮驱动，制定

---

[1]《习近平在江苏考察时强调　在推进中国式现代化中走在前做示范　谱写"强富美高"新江苏现代化建设新篇章》，《人民日报》2023 年 7 月 8 日。

超百条攻坚任务，发力各项指标取得阶段性突破，2023年入选国资委"科改示范企业"，并实现首年入围即获得考核"优秀"评价。

当然，"5G云小站"只是中国移动科技创新滚滚浪潮中的一粟。这背后，是江苏公司锚定"创建世界一流信息服务科技创新公司"新定位，强化科技引领、创新驱动的定位。在江苏公司，有很多像郑康一样的青年科创工作者，他们燃动青春，围绕"网络无所不达、算力无所不在、智能无所不及"的目标愿景，在信息服务的云端拼搏，以实际行动服务数实融合的变革，唱响了科技报国的时代强音，助力催生更多标志性、引领性的创新成果，推动新质生产力在更大范围、更宽领域、更深层次拓展。

◎ 紫金研究院"磐石"青创先锋工作室进行5G云小站测试

一、网络无所不达

习近平总书记指出："建设海洋强国，必须进一步关心海洋、认识海洋、经略海洋，加快海洋科技创新步伐。"[①] 为了迈向远洋，江苏公司加快海洋信息基础设施建设，在近海5G全覆盖基础上，通过在远洋船舶部署ORAN（开放无线接入网）卫星5G便携基站，实现远洋船舶在我国第一岛链内全天候、无盲区5G网络覆盖。

---

① 《习近平在山东考察时强调 切实把新发展理念落到实处 不断增强经济社会发展创新力》，《人民日报》2018年6月15日。

◎"海上 5G 建设"党员突击队进行出海调测

  正在船上忙碌作业的"海上 5G 建设"网络突击队队长陈凯介绍说："有了我们的船载 5G 卫星站，在海上也能信号满格。"海上环境复杂，与卫星波束进行中继难度极大，为了攻克难关，这伙年轻人一次次出海调测，突破陆基覆盖极限，利用亚太 6D 卫星第一岛链内的 13 个卫星波束进行中继，并基于卫星通信技术标准，升级通信网络设施，在狂风海浪的见证下，在全球首次开通了远洋 5G 网络，实现卫星通信信号与 5G 核心网之间的持续稳定数据交互，让手机终端与互联网"无缝衔接"，实现远洋船只联网数据回传、安全监管实时监控、海上直播互联、海员生活娱乐通信等应用，助力传统海洋通信网络模式升级，助推"5G+ 智慧海洋"领域创新发展。

二、算力无所不在

  2023 年 6 月 29 日，中国移动发布全球首个"神机"网络弹性服务，江苏公司联合云能力中心推动首个"神机"项目落地无锡国家超算中心。"深蓝云海"党员突击队队长祝远建感慨地说："终于顺利拿下了！现在超算智算能力也能触网可及。"

这是一支平均年龄 30 岁的技术团队，他们以打造一体化算力网络为目标，在没有任何先例可借鉴的情况下，经过半年的模拟环境测试，逐一解决多样化算力统一调度难、度量难等一系列问题，突破了超算智算在处理科研和商业化计算时的数据传输技术"瓶颈"，实现了从"0"到"1"的突破。

为响应国家加快构建全国一体化算网、支撑经济高质量发展的要求，江苏公司按照集团公司"4+N+31+X"算网部署，加快建设技术领先、绿色节能、服务全局的智算中心，布局智算能力，持续引领算力产业发展。在南京江北数据中心，中国移动智算中心（南京）正在如火如荼地建设中，通过部署国产千卡 E 级智算集群，并同步开展液冷机柜改造，将其打造成"智算中心标杆"，积极承接区域市场的算力需求，为科研创新、产业升级提供通智一体化算力支撑，驱动企业创新成长，带动龙头企业加快布局，进而构建起以算力为核心的 AI 产业新生态体系，服务江苏新质生产力智算全局发展。

此外，江苏公司以六光六极的"九州"算力光网为目标，以算间智联和灵活入算为抓手，积极推进"智算算力纳管调度平台"能力建设，采用"自建 + 多级并网纳管"的策

◎ 祝远建与团队成员正在进行系统模拟测试

略以及运营层并网的模式，建设江苏省智算算力纳管调度平台，吸纳社会智算等多样化算力；先后与无锡国家超算中心、海飞科、梁溪科技城等实力强劲、算力资源丰富的省内业界伙伴开展合作，通过不断优化硬件资源配置和提高算法效率，为客户提供了更强大、更灵活的算力供给，保障算力供给的多样性。

三、智能无所不及

党的二十届三中全会指出"健全因地制宜发展新质生产力体制机制"，明确了发展新质生产力的重点任务和主攻方向。江苏肩负着习近平总书记赋予的"成为发展新质生产力的重要阵地"重大使命。作为属地中央企业，江苏公司坚持创新驱动，紧抓"AI+"发展契机，强化新一代信息技术融合创新应用，为培育壮大新质生产力、推进高质量发展提供强大的推动力。

2024年5月，江苏公司举办"AI+"新质产品发布会，基于政企、家庭和个人3方面发布"AI+"新政企、"AI+"新生活、"AI+"新通话系列产品，并联合华为、科大讯飞等9家合作伙伴宣布启动AI生态联盟合作计划，持续应用AI技术为广大用户带来更便利、更高效、更安全的工作和生活体验。

面向政企领域，创新"磐匠"数字员工、AI智绘消息、办公助理等产品，赋能千行百业生产运营。其中，"AI+"新政企基于算力服务平台、模型能力平台和AI应用商城三大平台，为用户提供丰富的数智产品和服务。在江苏常州，视频AI基于视频专网、"一网统管"系统，将城管局、生态环境局、应急管理局等2500余路视频监控资源，汇聚至市级统建的视频平台，打造AI识别中枢。通过视频智能分析算法，可提取视频中人员、物品的属性及行为，进行标签化分析及异常行为的告警，识别准确率达 90%，为各行各业的安全保驾护航。

面向家庭，打磨移动康养、移动高清、视联网、云电脑等应用，为千家万户带来更精准、更体贴的服务。其中，"AI+"新生活基于爱家 AI 场景化产品的理念，拓展安全、美食、娱乐、出行等多元化的 AI 场景产品，让 AI 全面覆盖家庭成员的每一个生活场景。以健康福袋为例，让用户足不出户便可体验到在线问诊、预约挂号、送药到家等服务，拥有自家的"健康助理"。连云港的张女士说："只需要通过蓝牙连接'和家亲'APP，点击'爱家健康'，就可以每天收到血压测量结果，据说将来还可以在互联网电视大屏用数字人在线问诊。"

面向个人，升级 5G 新通话、视频彩铃、移动云盘等产品，不但使用户能自己创作 AIGC 通话背景、加载趣味通话特效，还新增"另一个

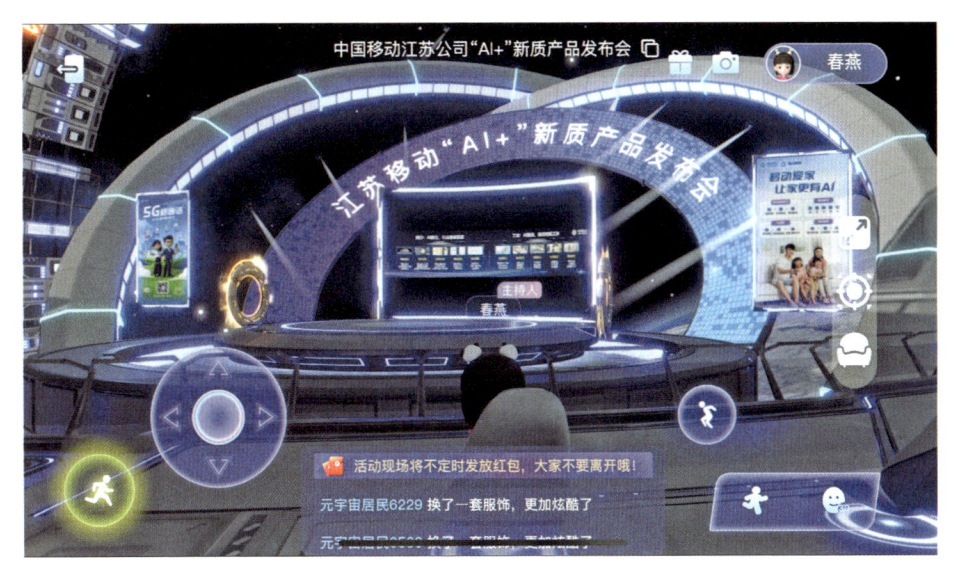

◎ 江苏公司"AI+"新质产品发布会（线上元宇宙）

我"数字人功能，可根据用户的语音，实现用户语音和数字人的表情、唇形实时同步，为用户带来稳定高清、可视交互、智能高效的全新通话体验。

为了不断推动 AI 技术在更广泛的场景中得到应用，江苏公司还与苏北大数据交易中心、江南模塑科技公司等 5 家政企用户签约，将在城市全域数字化、新型工业化等领域打造 AI 应用标杆项目；并将联合产业上下游的合作伙伴，使人工智能技术渗透千行百业各个环节，推动行业实现提质增效和转型升级，让 AI 成为驱动行业变革的强大引擎。

江苏公司将与用户、合作伙伴携手共进，打造智能普惠的"AI+"新产品、拓展开放协同的"AI+"运营新模式、做大做强"AI+"新生态，为因地制宜发展新质生产力贡献移动力量。

▲（文／图　奚锦燕　顾晓帆）

智算加速向"新"

习近平总书记指出,新质生产力的特点是创新,关键在质优,本质是先进生产力。[①] 这为高质量发展提供了新的理论指导,指明了前进的方向和路径。古老的丝绸之路,见证了东西方贸易与文化的交融。千年之后,当"东数西算"的号角吹响,一条以"算力"为纽带的交融之路,成为新时代交流和连接的创新传承。中国移动宁夏公司、甘肃公司紧抓算力发展机遇,全面助力中卫节点、庆阳节点建设,展现了移动人立足西北"想干事、能干事、干成事"的精气神,为高质量发展注入"新质生产力"。

党的二十届三中全会提出"健全促进实体经济和数字经济深度融合制度",旨在解决当前我国数字经济发展大而不强、快而不优的问题,这为宁夏公司、甘肃公司加快算力产业发展指明了方向。宁夏公

[①]《习近平在中共中央政治局第十一次集体学习时强调 加快发展新质生产力 扎实推进高质量发展》,《人民日报》2024年2月2日。

司、甘肃公司充分发挥算网能力底座优势，以挺进"中国 AI 行业第一梯队"为目标，快马加鞭构建算力核心能力，深度耕耘算力产业运营，在推动新质生产力发展的道路上大步迈进。

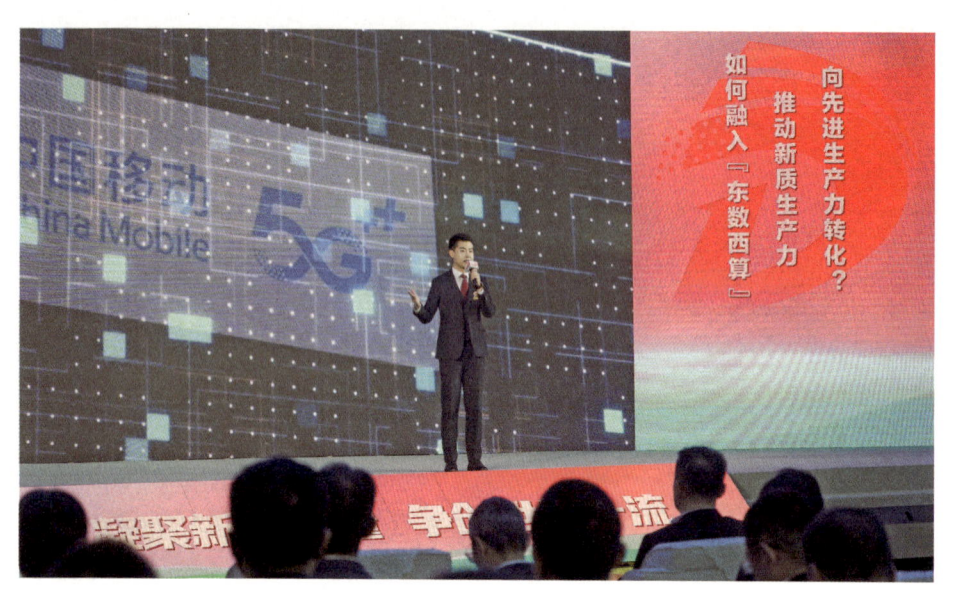

◎《从"新质"到"先进"的跨越之路》作品亮相集团公司"新动力量"宣讲报告会

一、创新发展模式"破冰试水"，彰显移动人魄力胆识

在宁夏银川节点，一栋栋拔地而起的数据机楼见证着这里从"荒漠戈壁"到"沙漠硅谷"的变化。宁夏公司坚持将算力与各行各业深度融合，凭借强大的算力资源，在 5G 网络优化、物联网应用拓展以及云服务升级等领域取得了显著进展。承建"互联网＋监管"、信创协同办公等平台，助力政府数字化履职能力提升。通过数字孪生、视频 AI 算法和高精准定位等技术，助力青铜峡、盐池、中卫等多个工业园区智慧监管水平提升。依靠充足算力构建起灵活多样、安全可靠的云

平台，满足不同企业的数字化办公、数据存储与业务创新需求。打造全国首个部省联合共建的信创适配基地，建立国家一体化信息安全运营中心，为提升宁夏"数字政府"建设的集约化、规范化水平和安全保障能力筑牢了坚实根基。

◎ 宁夏中卫数据园区施工现场

在甘肃庆阳节点，机房内黑色机柜整齐排列，逾万架标准机架高效运行；调度中心字节不断跳动，算力服务陆续向长三角和京津冀等地输出……短短两年多时间，庆阳节点便实现了从无到有、从有到蓬勃发展的蜕变。时间拉回到2021年12月，国家发展改革委等4部委批复同意启动全国一体化算力网络国家枢纽甘肃庆阳节点和庆阳数据中心集群建设。相较于其他国家枢纽节点，庆阳地处大西北，发展条件、财政水平相对滞后，怎么建好、用好智算中心无疑是首要难题。2023年4月，金山云在全国考察智算中心，而此时的产业园区还是一片空地。于是，甘肃公司大胆创新，提出"先引商再建设、边引商边建设"的新模式，一方面组织业务骨干加班加点沟通技术方案、洽谈合作细节，另一方面组建20多人的攻坚团队，夜以继日奋战在项目一线。仅用52天，就以惊人的速度改造出了一个

◎ 甘肃庆阳"东数西算"产业园智算中心施工改造现场

1万平方米的智算中心,这也是庆阳"东数西算"产业园内的第一个智算中心。智算中心正式交付后,500架机柜瞬间全部售罄,设备上架率达到100%,算力纳管规模达到5000PFLOPS,实现了智算中心"建成即装机、建成即投产",成功开启了算力服务新模式。

二、创新建设理念"并跑领跑",彰显移动人技术实力

在宁夏银川节点,一台台高速运转的算力设备,见证着这里从"算力起步"到"数字引擎"的蜕变。宁夏公司积极响应国家"东数西算"战略,规划打造"万卡+"智算集群,全力升级算力、AI、智算等产品能力,采用全IB互联组网,宛如一个强大的"智慧大脑",将算力、存储、管理等全链条能力集于一身。在超大算力和AI解决方案等工作中,项目团队通过现场搭建算力资源池、精心调试算力调度平台、细致测试网络性能等多方面实践,沉淀了丰厚的能力储备。这不仅极大提升了算力网络交付和运维能力,还大幅减少了因故障导致的算力损失。在智算中心规建售维一体化机制建设中,成立前后端协同虚拟团队,形成了算力网络和算力业务"最初一公里"和"最后一公里"手拉手模式,让技术方案像贴心的伙伴一样紧紧贴近客户,交付速度及时满足客户需求,实现"售中定制",大大提高了交付进度,使得新基建水平、机柜上架率均走在全国前列。

◎ 中卫分公司应急保障队坚守在一线

在甘肃庆阳节点，随着算力需求的不断释放，憨猴科技集团、上海燧原科技等多家企业纷纷表达出合作意向。甘肃公司一手抓业务、抓招商，一手抓投资、抓建设，党建、政企、工建、网络、综合

◎甘肃公司庆阳分公司党员突击队推进新型智算中心建设

各部门联合组建"东数西算""算力领航"两个攻坚小组和一支12人的党员先锋队，全面投入庆阳节点"赶跑跟跑"的发展进程中。在机房设计阶段，甘肃公司创新建设理念，采用"微模方+集装箱+预制化"电力模块等新技术、新产品，通过标准化、极简化、集约化、规模化等手段打造新型绿色智算中心。在施工建设阶段，甘肃公司深入分解各分部、各分项施工输入输出条件，分时段、分专业制订施工组织计划，按天调度人、机、料等资源，土建和机电团队并行作业。经过100个日夜的接续奋战，园区内第一栋5000平方米的新型智算中心正式建成投产，比传统数据中心建设周期缩短20多个月，实现了"当年开工、当年投产、当年形成算力"。甘肃公司乘势而行，随即与10余家企业签约合作，整体算力量已占庆阳节点算力总量的70%，成功助力庆阳节点实现了"后发赶超、并跑领跑"。

三、创新合作思维"筑巢引凤"，彰显移动人责任担当

在宁夏银川节点，一项项成果丰硕的算力合作见证着这里从"合作探索"到"深度融合"的进阶。宁夏公司通过算力融合，打破了各

◎ 宁夏公司基层党员先锋带头在基层一线攻坚

行各业间的壁垒，催生了前所未有的创新与变革，为数字生活带来了无限精彩。算力生态持续融合，聚焦拉通算力产业的上下游，联合的生态伙伴已达50余家。全力打造算力开放平台，激活了"闲置"算力，实现了社会算力的全栈托管、统一运营，为客户提供精准而高效的算力匹配，如同贴心的管家，保障算力运营者、生产者、消费者三方的可信交易。绿色发展持续进阶，建成了西北唯一的工信部双认证、全区规模最大的新型绿色数据中心，超前布局，试点研发新一代浸没式液冷机柜，推动基础设施向绿色化大步升级。成功沉淀团队技术、端到端交付及运维管理三项核心能力，并以各省第一的成绩加入"九天"大模型体系。创新技术焕新升级，自研视觉大模型，让AI盒子算法、智能客服、图片识别等11项AI应用"精彩绽放"。在商业模式创新方面，宁夏公司获得4份人工智能软件著作登记证书，研发课题《智慧园区新篇章：多模态大模型引领智能化变革》在第二届"华彩杯"算力大赛2024年智能计算专题赛中荣获一等奖，更是宁夏唯一入选工信部2024年新型数字服务优秀案例。

在甘肃庆阳节点，推动"筑巢引凤"的进程中，甘肃公司牢记"国之大者"的责任担当，持续发挥央企的生态整合优势，招商引"数"，引智育"产"，助力当地政府实现了"数字企业从无到有、由有到优，产业生态从建链到延链、由单一到全面"的巨大蜕变。创新合作思维，牵头组建"东数西算引商联盟"，通过与政府单位协同、与集团公司协同、与生态伙伴协同、与产业链协同的"以商引商"新模式，组团前往北京、上海、南京、杭州、深圳等地开展数字经济招商引资，全力招引数字经济企业投资发展，想方设法让算力需求落地，千方百计让数字经济变现。目前，已累计对接163家企业，推动51家企业赴庆阳考察，并与16家企业达成落地合作协议，算力服务签约额达3.2亿元，累计为地方政府引入投资超50亿元。

◎ 甘肃公司"东数西算引商联盟"在全省算力大会现场招商引商

联合多方力量，包括中小企业家协会、憨猴科技集团及生态合作伙伴共同打造庆阳首个大模型训练集群，落地投资3亿元，带动算力服务3亿元，打造了从算力建设、算力服务、算力消纳的端到端行业典型案例，为甘肃省算力行业产业发展提供了新的方向和思路。

面向未来，宁夏公司、甘肃公司将继续满怀想干事的澎湃热情、能干事的十足信心、干成事的坚定决心，在这条以算力为纽带的交融之路上，乘风破浪，砥砺前行，以一域之力为中国移动高质量发展注入新质生产力，为中国式现代化建设贡献西部力量！

▲（文/图　计小萍　孙　啸）

破晓、领航、前进！

党的二十届三中全会提出"强化企业科技创新主体地位，建立培育壮大科技领军企业机制"。中国移动北京公司（以下简称"北京公司"）以北京国际电台中央发信台为背景引入，通过"长夜破晓，照亮中国梦""通信护航，点亮大国梦""数智领航，闪亮强国梦"3个部分，凸显了移动人从最初半部电台到短波通信再到移动5G时代，从固定电话到终端移动电话，从5G到5G-A，从数智化AI到5G+8K，始终秉承红色基因血脉，紧随通信时代脚步，用数字网络连接世界，用坚守和创新护航信息科技发展，推动着我国的通信技术不断创新突破，以中国速度在破晓中被全世界看见，在崛起中让全世界惊叹。

©《护航大国路》作品亮相集团公司"新动力量"宣讲报告会

一、长夜破晓，照亮中国梦

1949年新中国成立，标志着压迫在中国人民身上的"三座大山"被彻底推翻，到处一片欢腾景象。开国大典前，时任开国大典筹备委员会主任的周恩来郑重地把开国大典通信保障的任务交给了时任中共中央军委通信部部长王诤，此时距离开国大典仅有20多天的时间。当时，为解决无线电联络问题，王诤带领工作技术人员连续奋战20多个日夜，安装了200多部电话机，架设了四五十公里的被覆线和数百公里的广播遥控线。同时为保证天安门广场上30万人都能听清毛泽东讲话，他们反复测试，最后决定使用缴获的美国海军的"九头鸟"扩音器，向全世界郑重宣告！

开国大典当日，王诤在天安门城楼东南角设立临时指挥所，他手持步话机，每半小时向周恩来汇报一次通信状态。红色力量破晓天际黑暗，毛泽东庄严宣告"中华人民共和国中央人民政府今天成立了"响彻整个天安门广场，也宣告着中国开启了通信护航大国梦的新篇章。

二、通信护航，点亮大国梦

20世纪50—70年代，短波通信系统是我国重要的通信手段，当时国家要建设一座技术先进、具有中国特色的发信台，于是北京国际电台中央发信台应运而生。北京国际电台中央发信台作为新中国第一个重点通信建设工程，也是当时亚洲第一短波电台，它的建成标志着以北京为中心的国际无线电通信枢纽正式建立。该发信台自建成以来，为祖国通信事业的发展起到了重要作用，承担国内长途通信电路传输、边疆地区通信保障、全国气象图像传输等服务，信号覆盖全国所有省区市，包括港澳台地区，被定位为国家一级通信要害单位。1965年9月，毛泽东同志为人民广播事业题词："努力办好广播，为全中国人民和全世界人民服务。"[①] 这句话被当时发信台的工作人员记录在了工作手册上保存至今，激励着一代代通信人。

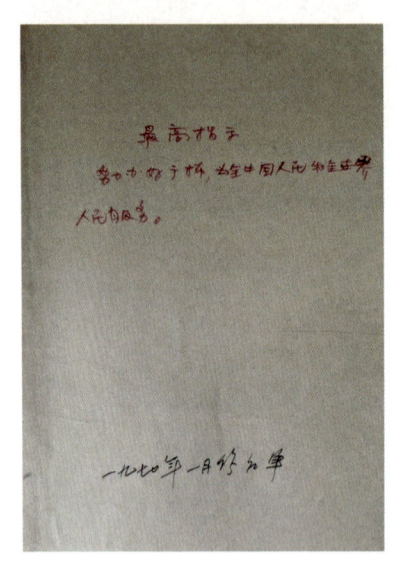

◎ 发信台工作手册记录着毛泽东同志为人民广播事业的题词

20世纪80年代，中国南极考察队首次考察南极，北京国际电台中央发信台受命为我国南极考察活动提供全程通信保障，现存北京国

---

① 中共中央宣传部：《中国共产党宣传工作简史》（上），人民出版社2022年版，第325页。

际电台中央发信台机房内的我国自主生产的30kW发信机在当时承担了南极科考的通信联络保障任务。在1984年的《人民邮电》报上，报道了发信台在此次通信任务中发挥的重要作用。报道名为《电波飞跨太平洋》，访问了在南极考察队首次考察南极时担任短波发信任务的发信台，记载了承担相关任务的技术人员严谨调配短波发信设备，并进行

◎ 北京国际电台中央发信台外观

细致检修测试的故事。值机人员每天坚守在发信机旁，24小时轮流不间断地盯着仪表，随着考察船航程的变化，及时更换天线、更改波长，创造了高干扰区短波通信24小时不间断的好成绩。1985年1月8日，发信台成功进行北京至南极无线电话通信，这是我国电信史上最远距离的短波通信，也是短波通信史上最辉煌的时刻，助力中国从此在南极科考领域迈进世界极地科考的"第一方阵"。

这只是发信台护航大国梦的一个缩影，它还先后担负了亚太地区和平会议、日内瓦国际会议、周恩来总理出访亚非欧十四国、我国第一颗原子弹爆炸、我国第一颗人造卫星上天、邓小平同志访美等重大事件的通信保障任务。在"一肩挑重担"的背后，是一台台通信人自主创新研发的通信设备，更有通信人刻在骨子里的"一路向阳生"的坚定信念！

三、数智领航，闪亮强国梦

一双留下斑驳痕迹的冰爪鞋，仿佛还在告诉人们那段艰辛的过去。

它属于谁？又是什么原因让它如此呢？故事要从 2022 年北京冬奥会开始说起。

北京冬奥会期间，许多来自国内外的体育健儿齐聚北京与张家口。山高路远，天寒地冻，如何保证通信网络畅通，也是一个不小的挑战。据当时参与此次

◎ 留下斑驳痕迹的冰爪鞋

保障任务的同事们回忆，这双冰爪鞋曾带领移动人深夜进入雪道，刨开近 1 米厚的冰层，在零下 20 摄氏度的严寒里哈着气、搓着手，顺利完成了光缆熔接。在冬奥会保障阶段，移动人爬高修塔，踏雪测试，迎风拉网，手套破了，鞋穿烂了，再冷再难也抵挡不住他们的热血。凭着这种"听党指挥、信念坚定"的韧劲，移动人以开拓创新的主动意识和进取精神，办实事、谋创新，冬奥会期间，建立"1—3—2"央视高清直播保障体系，以 5G 公专网频率共享、声屏障双缆覆盖、AI 智能的 5G 权值优化等创新技术，实现了高铁上超高速移动中的超高清视频传输，创新打造了全球首个"5G+4K+ 高铁"的"超高清移动演播室"，保障了媒体 40 多场直播和 100 多小时的 4K 超高清视频素材传输，创造了广电行业 5G 媒体应用技术长时间稳定传输的历史，以前沿技术打造全新体验，实现"科技冬奥·8K 看奥运"的目标。

面对时间跨度长、保障点位多、保障标准高、保障任务叠加、天气寒冷等诸多挑战，移动人迎难而上，以强有力的措施、全方位的保障，为冬奥会期间的网络畅通保驾护航。紧抓网络建设覆盖，克服 2198

米高海拔山区、65 公里高铁隧道等复杂场景带来的施工困难，全力完成 140 个地点的 5G 覆盖；紧抓场馆和赛事保障专项，对涉及奥运火炬传递的 80 公里路段进行 4 轮网络优化，圆满完成火炬传递"5G+4K"高清视频保障任务；强化技术创新，首次采用全频段大规模分布式 MIMO 等技术，北京冬奥会开闭幕式期间看台区域速率达 800M 以上，赛事期间各场馆移动用户数日均 3.3 万人，网络能力有效满足图片秒传需求。奋战在冬奥保障一线的每一位成员，是数以万计移动人兢兢业业、默默奉献的缩影，其背后是顽强拼搏、连续奋战的移动人的责任和担当，是移动人在用热血向世界展示着冬奥精神。移动人以"最高标准、最全覆盖、最严落实、最快响应"的重保模式，实现了"零重大网络问题、零重大安全事件、零重要客户投诉"的目标，圆满完成了北京 2022 年冬奥会网络通信、网信安全、服务保障等全部任务，在奋进中与奥林匹克精神完美握手，在奉献中展现央企使命担当。

◎ 打造的全球首个"5G+4K+高铁"的"超高清移动演播室"

从"半部电台"起家，从无到有，由弱到强。1982 年，中国第一个光纤通信系统工程"八二工程"开通；1984 年，中国第一颗通信卫星发射成功；2009 年，中国"自主知识产权"的 TD-SCDMA 被正式商用；2013 年，中国移动获得了 TD-LTE 4G 商用牌照；2024 年，中国移动在杭州全球首发 5G-A 网络的商用部署，公布首批包括北京、上海、广州、深圳等在内的 100 个 5G-A 网络商用城市名单，计划年内建成全球最大规模的 5G-A 商用网络，推动年内 5G-A 终端种类超 20 款，打造 5G-A 行业标杆 100 个……

从固定电话到终端移动电话；从人与人、物与物互联到万物互联；从 5G 到 5G-A；从数智化 AI 到 5G+8K。曾经，我国的通信技术，以中国速度在破晓中被全世界看见。如今，在崛起中让全世界惊叹！用坚守和创新护航信息科技发展，这一切的荣耀，属于每一个信念坚定的移动人！

功成不必在我，功成必定有我，既然选择了通信保障，便只顾风雨兼程。不去想身后会不会袭来寒风冷雨，留给世界的哪怕只有背影，也必定奔赴那战场，向着数智生活的美好，向着信息科技的未来，破晓、领航、前进！

▲（文／图　张晓涵）

铸芯强国，破风前行

习近平总书记指出，实施创新驱动发展战略，就是要推动以科技创新为核心的全面创新，坚持需求导向和产业化方向，坚持企业在创新中的主体地位。[①]芯片产业是支撑经济社会发展和保障国家安全的战略性、基础性和先导性产业，是衡量一个国家科技发展水平的核心指标之一。中国移动研究院（以下简称"研究院"）"破风"团队践行为国造芯初心，聚焦移动通信领域芯片自主可控，破解应用方"不敢用、不想用"，设计方"不敢做"的产业问题，成功研制出国内首款可重构5G射频收发芯片"破风8676"。

一枚小小的芯片，承载着数亿级别的晶体管，也凝结着5G网络核心设备的中国"芯"。2023年8月30日，研究院无线与终端技术研究所副所长李男所带领的"破风"团队成功研制出国内首款商用可重构

[①] 中共中央文献研究室编：《习近平关于科技创新论述摘编》，中央文献出版社2016年版，第17页。

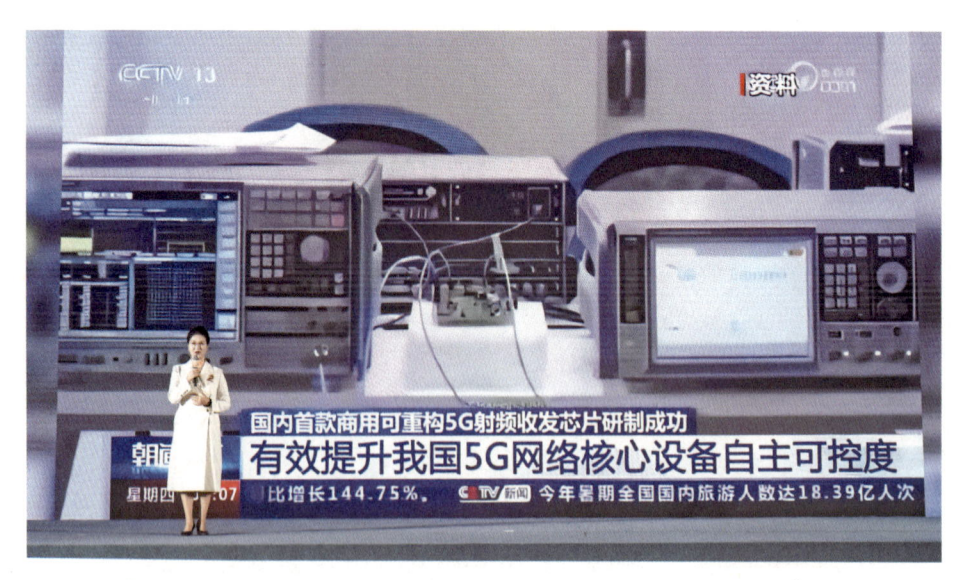

◎《乘"数"而上的科创密码》作品亮相集团公司"新动力量"宣讲报告会

5G射频收发芯片！

一、时不我待，攻克信息通信芯片自主可控难题

射频收发芯片是无线电模拟信号和数字信号之间高速转换的"翻译官"，是5G网络设备中的关键器件，研发难度高，产业积累薄弱，应用需求迫切，被称为5G基站上的"明珠"。研究院组建以"最美移动人"李男和"移动工匠"集团级首席专家王大鹏为核心的芯片攻关团队，成立芯片研发企业联合实验室，针对信息通信芯片短板问题，选取射频收发芯片为切入点，深入芯片规格定义、前后端设计、仿真验证、性能调测和整机集成全流程展开攻关，支撑集团公司勇担移动信息现代产业链"链长"重任。

长久以来，核心短板芯片自主可控攻关存在应用方"不敢用、不想用"，设计方"不敢做"的产业问题。在"破风8676"芯片研制中，团队充分发挥在无线网络和射频领域深厚技术和产业积累的优势，在对芯片可用性和市场化影响最大的规格指标制定、可重构技术体系设计和性能调测等关键环节发挥决定性作用。"量体裁衣"制定芯片规格指标，发挥运营商优势。团队基于自研业界领先的系统射频双级联动仿真平台，制定出符合实际部署需求的芯片规格，为"破风8676"的低功耗数模转换架构创新设计和规模化应用奠定了重要基础。创新性提出可重构技术体系，实现一"芯"多用。团队为适配多频段、多模式、多站型的应用需求，创新性提出可重构技术架构，核心功能灵活加载、核心算法灵活调整、核心参数灵活匹配，有效降低芯片集成应用成本，助力规模推广。深度参与芯片设计并主导芯片性能调测，有力保障芯片达到商用要求。在研发过程中，团队独立完成1/3模块设计，申请10余项发明专利并应用在芯片中，有效提升芯片整体系统性能。集团级首席专家王大鹏凭借在射频系统级的深厚技术积累，带领双方研发团队进行芯片性能调测，针对24项棘手问题制定高效调试方案，促进问题快速收敛、定位和解决，大幅加快商用进程。

通过合力攻坚，使该芯片具备了低成本、低功耗、多功能的差异化竞争优势，实现了"从0到1"的关键性突破，填补了该领域的国内空白，有效提升了我国5G网络核心设备的自主可控度。

◎ 中国移动"破风8676"可重构5G射频收发芯片

二、砥砺前行，争当科技自立自强"破风手"

深度参与一款"卡脖子"芯片的设计是众多科研人员的梦想，更是践行为国造"芯"、推动科技自立自强的使命担当。面对一个个技术难题，"破风"团队成员们翻阅大量论文、精心设计创新算法、全面进行验证，并与应用方专家进行讨论，根据市场需求不断优化，独立完成的模块全部经受住了商用的考验。设计阶段，李男带领的团队每天往返北京郊区的联合实验室，累计行程达4万公里，这是赤道的长度，更是造"芯"之路风雨兼程的刻度。

2022年12月14日，这是一个具有里程碑意义的日子。团队顺利接收首批样片，并随即入驻西安开始封闭测试。然而，研发过程不是一帆风顺，虽然超过95%的关键性能指标均已达到既定标准，但是唯独一项关键指标尚存差距，这便成为横亘于成功之路上的最后一道难关。团队连续两周倾尽全力，尝试了各种技术手段与解决方案，却始终未能精准锁定问题根源，使得原本触手可及的胜利变得遥不可及。此刻，团队内部弥漫着一种既渴望成功又担忧失败的复杂情绪，每一分努力都伴随对未知的忐忑。正当团队陷入困境，士气跌至谷底之际，团队负责人李男给技术总工王大鹏及全体队员打来电话，他以坚定且鼓舞人心的话语激励道："胜利绝不会辜负每一

◎ 团队在芯片流片后开展关键指标调测

个矢志奋斗、顽强拼搏的人，即使这一版芯片没有100%成功，下一版也一定能成功！"李男的鼓励让大家重新振作起来。团队在不懈的努力中拨云见日，成功锁定了问题的症结所在，实现了项目的重大突破。那一刻，每位成员的眼眶中都闪烁着泪光，那是对过往艰辛付出最好的诠释，也是对未来无限可能的深切期许。无声的笑容背后，凝聚着团队3年间不离不弃、坚韧不拔的奋斗历程，以及对成功最真挚的渴望与追求。

"破风8676"芯片一经问世，便引起了各方关注，并获得央视、人民日报等多家中央媒体的报道。同时，芯片还荣获2023年度央企十大国之重器，入选"共和国印记"见证物、《中央企业科技创新成果产品手册（2023年版）》、2023年"科创中国"先导技术榜等，成为集团公司在战略性新兴产业攻关中，承担"四大专项"的标志性科技创新成果，体现了中国移动践行央企科技创新、产业控制、安全支撑作用，以产业投资保障移动信息产业链上下游供应链安全的实践担当。

三、接续奋斗，探索链长主导攻关新范式

攻关成功了，技术突破成果不能停留在"攻出来"，更要"用起来"。"破风"团队通过协同创新基地和外场基地的"双基联动"，加速国产化首台套性能稳定、成熟的过程，落地商用。在此期间，协同创新基地为产业界提供联合研发与端到端测试验证环境，通过快速问题追踪迭代，加速从芯片到整机的培育孵化；外场基地对已经攻出来具备商用能力的整机设备，进行落地验证与现网应用，实现芯片、整机、网络的端到端闭环。目前"破风8676"芯片已实现商用销售10万余颗，在14家网络设备商的30余款设备中集成，并在我国安

徽、江苏、广东、福建、北京、云南、浙江等省市，以及赞比亚等共建"一带一路"国家启动商用部署，实现了从"书架"到"货架"的快速应用转化。

◎ 成立企业联合实验室

攻关不仅取得了技术成果，还在合作模式上实现了探索创新。"破风"团队通过网络和设备需求前置，将传统的芯片设计、整机集成、网络应用的串行研发模式升级为并行模式，使从芯片到整机适配的时间缩短近一半，并破解了应用方"不想用、不敢用"的核心产业难题，大幅提升了关键短板芯片攻关的有效性。"1+N+1"新型攻关模式，有助于充分发挥央企带动作用，打通产业链上下游，推进联合攻关，解决产业链共性问题，加速成果落地应用。目前，该模式已助力传输、承载、仪器仪表等领域的10余款芯片/设备攻关，有效提升了信息通信领域的自主可控度。

下一步，研究院将在集团公司指导下，以积极担当作为的精气神，充分发挥战略科技力量主力军作用，坚决落实发展战略性新兴产业的时代使命与重大任务，不断推动科技创新发展取得新成效。

▲（文／图　闫小刚　张天祎）

无惧远征向星辰

党的十八大以来，习近平总书记多次点赞先进典型和模范，号召学习先进典型，学习先进榜样，强调"实现中华民族伟大复兴，需要更多时代楷模"[①]。中国移动设计院（以下简称"设计院"）深入学习贯彻党的二十届三中全会精神，认真贯彻习近平总书记关于弘扬劳模精神、劳动精神、工匠精神的重要指示精神，讲述了"信息通信行业工匠"、"中央企业劳动模范"、中国移动"最美移动人"冯征在中国移动核心网设计中追求卓越、敢为人先的典型事迹，以点带面描绘移动人在时间淬炼下坚定、在不懈攀爬中沉淀、在反复实践中创新的生动故事。

从 2G 到 5G，高速、泛在的通信服务深入千家万户、融入千行百业，为数字经济发展筑牢网络根基。物理世界与数字世界融合共

---

① 习近平：《论中国共产党历史》，中央文献出版社 2021 年版，第 38 页。

享的背后，是一群"信息通信行业工匠"默默攻坚克难，铭记"人民邮电为人民"初心使命，自觉把以人民为中心的发展思想贯穿到各项工作之中。积极服务国家重大战略落地，在履行央企责任中践行新使命、展现新担当。冯征就是他们中的一员，当夜幕降临，喧嚣归于平静，他"超长待机"，演绎着另一番"夜景"。

◎ 设计院举办"新动力量"宣讲报告会

一、攻坚克难，托起中国移动的大网

目前，中国移动已建成全球规模最大、结构最复杂、技术最领先的移动通信网络，构建起覆盖全国、连通世界、承载"10亿+"用户的"超级网络"。核心网之所以成为"核心"，正是因为它是这张"超级网络"的中枢，是一个直接关系到用户业务体验、网络运行质量和服务可靠性的"巨型工程"。冯征深耕其间，伴随中国移动网络从无到有、从有到大、从大到优，一路攻坚克难，成长为托起这张"大网"的坚实脊梁。

新入职的同事总打听冯征的年纪，从头发颜色看，80%的人觉得他是 60 后；从移动网络发展脚步来看，他主持完成 20 多年中国移动核心网几乎所有全国性首例大中型工程总体设计，年龄不会太小。然而，他是个实实在在的 70 后。从 2G 到 3G、4G 再到 5G SA 及 NFV 网络云，从电路域到分组域再到 IMS 域，从 7 号信令网到 Diameter 信令网再到 5G HTTP 信令网，从智能网到物联网，冯征所钻研的项目个个都是难啃的硬骨头。尤其是在 5G 技术掀起全球数字化浪潮的今天，用户通信需求日趋复杂，不仅希望随时随地访问信息量巨大的公网，还期待在安全可靠的环境中，高效接入各类行业专网。如何连接起公共网络和行业专网？这就引出了一个全新概念——双域专网。然而，目前存在终端兼容性差、用户操作复杂等问题，无法为用户提供最优体验。针对这些问题，冯征带领团队首次提出"网络侧多 DNN 分流方案"，能够兼容市面上所有手机终端，实现用户完全无感知的公网业务与专网业务切换，同时支持 4G、5G 多制式接入以及对公网、专网业务的独立计费与管控，形成了对国内外友商在双域专网业务领域的差异化竞争优势，已成为中国移动政企业务拓展的关键控标点。

这仅仅是冯征所经历的众多中国移动重要里程碑项目中的一个，几十年如一日的钻研与坚守，冯征率领团队一次次攻克行业"首例"难题。从初出茅庐的青年技术员到享誉业内的专家，冯征用一贯的专注与执着，生动诠释了"匠心筑网、使命必达"的担当。

二、创新务实，搭起虚实结合的桥梁

在通信网络的发展中，常常会提到一个关键词——虚实结合。所谓

"虚",指的是看不见、摸不着的内容,比如技术规范、控制系统等;而"实"则是指可以落地实施的部分,比如服务器、设备等。移动通信技术从最初的概念提

◎ 冯征和团队成员进行机房安全检查

出到最终服务上线,往往要经历从"虚"到"实"的复杂转化过程。

在从理论到实践的转化过程中,冯征带领团队坚持脚踏实地、精益求精。从最初研究国际标准中晦涩难懂的原始资料,到参与制定行业标准和企业内部规范,再到组织实验室测试、现场试点,直至推动全国范围的正式部署,他和团队几乎参与了通信网络从"理论出发"到"落地为用"的每一个环节。面对有人问他为何不直接看厂家资料时,冯征的回答是:"还是看没加工过的原始材料最放心。"他不是在质疑别人,而是希望通过对标准的全面理解,提出最适合中国移动自身实际的方案。他常说:"只有把理论研究和现场实践紧密结合,才能确保方案既有前瞻性,又能真正落得下、跑得稳。"他带领团队创新务实,真正让先进理念化为触手可及的优质网络体验,实现了从理论到实践的"虚实结合"。

随着中国移动从2G到5G的代际演进,通信网络也经历了深层次的结构变革。其中最重要的一次变革,就是近年来推动的"网络虚拟(云)化",也就是解决网络设备多、线缆多,建设成本和管理难度高等问题。面对这一行业级的挑战,冯征带领团队用9000多个日夜完成了从概念验证到系统设计、从方案编制到大规模部署的完整闭

环，攻克了资源调度、自动化部署等一系列核心难题，率先提出将核心网络结构重新划分为"功能系统、虚拟平台和通用设备"3层架构，许多网络功能可以集中运行和管理，不仅节省了大量物理设备，也使网络扩展更加灵活高效。团队自主研发的"探云"提高网络设计效率30%以上，如今已广泛应用于中国移动全国范围的云网建设中，实现了核心网资源的精细化规划与业务上线效率的显著提高。

冯征始终认为，"虚实结合"不仅是网络架构的一次转型，更是整个通信建设模式的革新。把先进的技术理念真正转化为能够运行在网络中的工程能力，把抽象的方案变成用户随时随地可以使用的通信服务，这是设计院的价值所在，也是他作为"通信筑路人"的不变初心。

三、初心不忘，激起勇立潮头的后浪

夜半时分，冯征偶尔会回溯梦开始的地方。"小时候看电影，军队首长用电话下达命令、指挥作战，就觉得电话的作用好大，后来家里装了电话，就想知道，这一根细细的电话线是怎么搭起人们沟通的桥梁的"。就这样，他在网络世界里"复行数十年"，凭着认真仔细、踏实钻研的精神，冯征闯过一道道难关，从一名普通的设计人员一步步成长为技术带头人。他高度重视人才梯队建设，长期坚持"专业育人、项目带人、责任压人"的思路，先后带出了一大批懂设计、敢攻坚、能带队的骨干人才。如今，在中国移动语音、2C业务、2B专网、消息系统、信令网和NFV网络云等多个核心领域，都有冯征培养出的中坚力量活跃在一线。他不仅锻造了一支技术硬核、作风过硬的专业队伍，也为核心网未来发展夯实了根基。他把自己对任何细节"斤斤

计较"的作风带到了团队，引领队伍共同成长。他总是亲力亲为，毫无保留地传授专业技术，督促团队成员认真负责地投入工作，不允许在任何一个细节上出问题。经常有人围着冯征问问题，这时他总是从办公桌上抽出一张纸，从最基础的协议层一点点铺开讲解一遍，结束时还不忘叮嘱一句："别局限在一个点上，多展开想一想。"他对审核的项目也是严格把关，非常注重方案描述的逻辑性、合理性和易读性，修改建议经常达到几十条，正是这样的细致打磨，确保了设计质量，也给同事们树立了榜样。

凡事最怕"认真"二字。很多团队成员都说有点"怕"冯征，因为交给他的成果虽然自查多遍、自认无误，但仍会被挑出很多瑕疵。但也正是在高标准严要求下，他所带的

◎ 1997年，冯征参与智能网、ISDN等工程

团队成员才能迅速成长，大多成为重要项目的负责人。除在提升队员专业技能等细节上猛下功夫外，冯征还特别注重大局意识的培养。他常常对大家说："在跟客户沟通过程中，要能敏锐地发现新的业务点，不要固守现有的领地，要积极开拓市场，相信机遇和挑战是相互的。"正是因为这一份"偏毫厘不敢安"的匠心，团队技术不断精进，推动一个个先进技术在中国移动的现网落地，保证业务顺利开通和满足市场运营需求。2018年，冯征被中国通信企业协会与中国国防邮电工会联合评选为"信息通信行业工匠"，并以"信息通信行业冯征工匠工作室"为名成立工作室；2020年，以工作室为班底成立的"NFV网络

云项目团队"获中国移动第三届"最美移动人"荣誉称号；2023年年底获中国移动劳模（工匠）工作室命名；他带领团队共同完成的工程设计累计斩获国家级金奖和一等奖4项、银奖和二等奖4项、三等奖1项，以及省部级一等奖3项、二等奖2项。

从业20多年来，冯征的"前缀"越来越多，但唯有匠心不变。从技术小白到首席专家，他以精益求精锤炼"硬实力"，从投石探索到先锋领航，他以创新突破挑战"不可能"，为"工匠精神"填写了属于通信人的生动注脚。作为"通信筑路人"，他将精于工、匠于心、品于行，在高质量发展实践中奋勇前进、追求卓越，为推进中国式现代化作出应有的贡献。

▲（文／图　王计艳　李诗佳）

为国建云，勇攀算网高峰

习近平总书记指出："大力弘扬科学家精神，勇攀世界科技高峰，在一些领域实现并跑领跑，为加快建设科技强国、实现科技自立自强作出新的更大贡献。"[①] 中国移动云能力中心勇当科技强国、网络强国、数字中国主力军，聚焦"国之大者"，立足"国之所需"，创造"大国重器"，推动算网大脑原创突破、高端云存储自研跨越、量子计算价值创造，以科研工作者胸怀祖国的坚定信念，求实创新、集智攻关的开拓精神，传递出移动云团队科创报国强国的声音，展现央企科创"排头兵"的典型形象。

怀揣"为国建云"的坚定信念，中国移动云能力中心的青年科研团队立下科技强国的铿锵决心，秉持深耕创新的不渝恒心，在复杂代码中探寻逻辑，在海量数据里挖掘价值，在一次次失败中"破0求1"，

[①]《习近平春节前夕赴贵州看望慰问各族干部群众　向全国各族人民致以美好的新春祝福　祝各族人民幸福吉祥祝伟大祖国繁荣富强》，《人民日报》2021年2月6日。

推动实现全球首个"算网大脑"分钟级开发、高端云存储填补领域空白、量子计算业界领先，始终在攻克战略新兴技术上走在前、作表率。

◎《为国建云，勇攀算网高峰》作品亮相集团公司"新动力量"宣讲报告会

一、敢为人先，做勇闯"无人区"的探索者

党的二十届三中全会提出，强化基础研究领域、交叉前沿领域、重点领域前瞻性、引领性布局。算力作为新质生产力的代表，是推动新一轮科技革命和产业变革的加速器，夯实算力领域研究基础，对产业自主创新和高质量发展具有重要意义。"东数西算"全国一体化算力网络建设全面铺开，积极拥抱算网时代，谁能建好算力互通的"最强大脑"，谁就能抢占发展先机。过去数据的传输，需要搭乘高铁送至数据中心，再后来要通过一条专线，才能让数据抵达目的地，但是现

在通过"系统的编排调度能力",能打破时间的束缚、跨越空间的阻碍、破除成本的制约,让数据传输从一辆车、一条线,变成一行代码,从跑起来到跑得快。但在 1 年

◎ 算网大脑团队在硬件实验室突破研发难题

前,这还是业内难以攻克的"卡脖子"问题。

中科院院士多次提到,想要建好这个"智能中枢",打通算力互联的任督二脉异常困难。没有方向,"天穹""星辰"两个团队就挂帅出征、分头探索,仅用 6 个月就完成 50 万行代码书写。没有架构,他们就自己搭,推翻重来再重来,沉淀出 50 余个模型,推动"五中心两网关"初具形态。没有场景,他们就探索 10 余个场景、分析总结端到端成本、聆听上百位客户反馈。

无数次碰壁和尝试后,团队成员发现,原先被忽视的"弹性网络服务",才是真正打开高带宽、低延迟算力互联之门的"金钥匙"。多省份专家集中研讨,1 周时间内制定出接入侧弹性控制技术方案。不到 3 周就完成了试点省接入侧系统升级和全链路联调测试。1 周后,一条从安徽淮北到国家超级计算无锡中心的试点业务成功拉通,2Mbps—3Gbps 弹性调整,3 小时 4TB 数据稳定传输,一颗"金色的种子"逐步萌芽并破土而出。

试点省份从 1 个到 3 个,再到现在的 18 个,覆盖范围稳步扩大;协议优化、文件压缩、安全加密,技术能力持续增强;天文、气象、基因分析,应用场景不断丰富。院士的赞扬、信息社会世界峰会

（WSIS）最高项目奖是对团队努力和取得成果的认可。

新路变通途，找到了明确的技术方向之后，他们继续争分夺秒、分工作战，向着"分钟级开发"这个大胆而极致的目标进击，让应用开发，从4步、1周，变为1步、10分钟。目前，日调度能力从千万级提升至亿级，已于2024年9月实现规模商用，这是质的绝对领先！

二、勇攀高峰，做突破"卡脖子"的主力军

高端云存储对数据安全、高效可靠、海量扩展等方面要求极其严苛，中国移动在此领域长期依赖于采购外部厂商能力来满足项目需求，这是中国移动在基础设施领域存在的系统性风险。为解决高端云存储领域"卡脖子"技术难题，填补中国移动在高端云存储领域空白，在集团公司统一领导下，2022年2月正式组建高端云存储自研攻坚团队。由于客户的要求极高，在项目交付初期，客户对项目交付物不是很满意，给予了"不重视、不用心、不专业"的"三不"评价。但是项目团队没有气馁，而是秉承着拼搏奋斗、担当有为的精神，将项目攻坚作为磨砺队伍的主战场。团队迅速组建了跨部门百余人的联合党员突击队、示范先锋岗，拉通前中后端协同链条，并建立起跨领域多角色专属保障体系，做到专人专岗专责。

为了确保项目顺利交付运营，团队与客户保持深度交流，掌握用户需求，不断优化方案，确保系统功能完备、架构先进，在项目测试

环节，团队坚持高标准质量管控，开展了长时间、高标准的测试验证工作，涉及测试用例5000余个，深入管控产品质量，保证了项目测试充分可靠。

团队协同的问题解决了，但是技术难点还是"拦路虎"。全力打造端到端核心技术能力体系，成为自主研发取得核心突破的关键所在。为进一步提高协同和决策效率，加强"研、建、测、维"四方联动，团队主动申请集中办公，以便及时召开专项研讨会，精准定位攻坚难点问题，增强业务连续性保障。

为解决超大规模场景下集群可用性、性能等问题，团队着手6次技术架构优化升级，突破单体存储资源池容量上限超5倍，实现高可用方案支持单数据中心故障客户业务无感知。最终，在产品核心能力上实现了合力突围——第四代对象存储正式商用，成功构建全局纠删、海量扩展、跨域多活等核心技术能力体系，填补了中国移动在高端云存储领域的空白。项目打造的移动云最大单体存储资源池，系统核心性能指标对齐IBM等国际头部厂商。

正式商用以来，至今"零投诉""零故障"，稳定运行超10个月，获得客户"专业、坚毅、可靠"高度评价。商用成果证明，高端云存储三期项目已充分消解了基础设施领域的系统性风险，既破解了"卡脖子"难题，实现关键核心技术自主掌控，构建了中国移动在分布式存储领域的自主技术体系，也实现了外部重点项目创收，打造了行业标杆，成为移动云发展史上的一座技术里程碑。

三、永不止步，做挺进"最前沿"的先锋队

量子计算技术是21世纪科技革命的战略制高点，被称为信息时代

的"算力原子弹",不仅是中国科技战略的重要组成部分,更是实现科技自立自强、提升国际竞争力的关键所在。如何充分发挥中国移动在算力网络产业中的龙头作用,构建"产学研用"兼备的量子算力网成为亟待解决的问题。在这一背景下,量子计算先锋队迎难而上,秉持不畏艰难、敢于突破的精神,攻克了一个又一个量子计算技术难题,得到了众多物理学家、行业专家的正面评价和认可。

作为云计算领域的新兴力量,量子计算正面临自研能力有待提升、专业人才稀缺的双重挑战。为此,团队毅然发起"五岳量子云"攻坚行动,誓以破冰之势突破算力"瓶颈"与应用局限,引领量子算力并网技术的革新潮流。

为找准量子云计算整体框架,团队带头人日夜兼程,半个月内走访调研深圳、武汉、上海、北京等城市的近15家行业头部企业和3位院士领军团队,调研内容历经数十次反复讨论修改,深入开展数据分析与模型构建,终于重塑了量子云计算的行业标准,实现多样量子算

◎ 量子计算团队召开会议反复研讨论证项目发展方向

力资源的无缝并网，构建了"量子—经典"融合的算力新基石。中国移动云量子云平台也因此实现"从0到1"的飞跃，成为国内首个融合三类顶尖算力的公有云量子算力领航者，比特规模跃升至"500+"的新高度，树立了算力"丰富度"与"规模"的双重标杆。

量子计算领域未知而复杂，团队约2/3的成员面临前所未有的技术转型挑战，要求他们几乎从零开始踏入全新技术领域。为突破这一困境，团队成员冲在前线。技术难上手，青年先锋就带头开展技术革新，输出10余篇技术分析报告，找准能力提升方向；水平难提高，技术精英就轮流在早晚"黄金半小时"开展学习分享，激发成员创新思维。最终创新性设计出业内先进的具有统一测控能力的通用量子计算操作系统，极大地提高了量子计算运行效率；成功研发出量子人工智能训练引擎和多样化量子应用算法，为量子计算的实用化奠定了坚实基础。

"不积跬步，无以至千里；不积小流，无以成江海。"就是这支年轻的科研"特战队"，奋勇前行、勤耕不辍，用信念、担当、团结传递着"为国建云"的接力棒，吹响"我能"的冲锋号，继续奔赴下一程智算山海。

▲（文／图　贺炳桂　梁洁心）

有家更有 AI

习近平总书记指出,要把增进人民福祉作为信息化发展的出发点和落脚点。[①] 党的二十届三中全会提出,"坚持以人民为中心"是进一步全面深化改革的原则之一,要做到改革为了人民、改革依靠人民、改革成果由人民共享。中国移动智慧家庭运营中心(以下简称"智慧家庭运营中心")聚焦"移动爱家"客户品牌建设,践行"有 AI 的智慧之家,有爱的美好之家"品牌内涵,以"小家幸福、大家振兴"为目标,通过落实"AI+"行动计划,构建家庭产业链开放生态,让"有 AI 的智慧之家"走进现实,"有爱的美好之家"走入千家万户,汇聚家庭市场高质量发展合力,推动信息服务成果更好地服务于人民。

[①]《习近平在全国网络安全和信息化工作会议上强调 敏锐抓住信息化发展历史机遇 自主创新推进网络强国建设》,《人民日报》2018 年 4 月 22 日。

新一轮科技革命和产业变革深入发展，人工智能等新一代信息技术成为新质生产力的重要驱动要素。智慧家庭运营中心主动融入国家科技创新大局，以"移动爱家"客户品牌建设为牵引，落实推进"AI+"行动计划，以技术变革驱动产品创新，推动科技创新和产业创新融合发展，聚力为千家万户注智赋能。

◎《有家更有AI》作品亮相集团公司"新动力量"宣讲报告会

一、创新为先，点亮有AI的智慧之家

在亿级连接的智慧家庭生态中，"交互"的重要性不言而喻。但在家庭产品实际使用中，仍然存在着产品听不清、听不懂，用户不想用、不会用的问题，不仅让本应智慧、美好的交互打了折扣，也阻碍了家庭市场的高质量发展。如何破解交互难题？智慧家庭运营中心开始了持续的探索与实践。

6年前，第一代智能交互——"小荷"智能音箱诞生。为了在"大厂"的"百箱大战"中突围，团队锚定自然语言处理这一语音交互的关键技术，以每30天为一个周期开展封闭攻坚，持续对标头部厂商，沉淀核心能力。

2021年，移动高清的规模化发展，推动了第二代语音交互——遥控器AI助手的诞生。超1亿次的安装规模，有效解决了交互的触点问题。但在技术层面，提升意图理解能力，尤其是多语种理解能力，是最难攻克的环节，也阻碍了用户体验的进一步提升。AI大模型技术的爆发式发展，让团队看到了破晓的曙光。通过中国移动"九天"大模型，实现了语音和语义的联合建模，语音交互技术实现了重大突破。在此基础上，推出了家庭智能体"灵犀"，通过类人属性和记忆能力，为家庭用户提供全方位的智慧服务。

◎ 家庭智能体"灵犀"在"移动高清"应用

目前，语音交互技术已在家庭大中小屏广泛应用，拥有1.5亿用户，日均交互次数超3000万次。智慧家庭运营中心参与的"多语种智能语音关键技术及产业化"项目也获得了2023年度国家科学技术进步奖一等奖。

以语音交互技术攻关为缩影，智慧家庭运营中心的科技工作者们以十年如一日的初心与坚守，投入关键核心技术攻关的主战场。在国产化攻关的阵地上，智慧家庭运营中心联合多家产业链合作伙伴，用两年时光凿穿技术壁垒，打造中国移动 AOS 操作系统，突破了硬件、算力、协议的限制，为千万家庭搭建起万物智联的生态基石。在未来产业布局的征程中，智慧家庭运营中心开展家庭服务机器人技术攻关，突破智能感知、认知、运动等卡点技术，打造集互动、服务、运动于一体的具身智能体，实现家庭场景下 50 类物品的感知、超 30 种类型的意图识别，准确率超 80%。从技术突破到生态构建，移动人用一行行代码写下家国情怀，点亮智慧之家，在"0"与"1"的世界里诠释着科技自立自强的初心、信心和决心。

二、以民为本，推动 AI 走进千家万户

智慧家庭运营中心深入落实"AI+"行动计划，通过 AI 与家庭产品的深度融合，推动信息服务更好地惠民、便民、为民，在祖国的大江南北，用 AI 绘下一幅幅"网信为民"的新图景。

在青海海东的大山深处，数字乡村森林防火平台的应用，实现了对林区的"24 小时不间断值守瞭望"。基于中国移动宽带网络优势，建设中国移动数字乡村平台，为全国超 45 万个行政村提供"平台 + 硬件 + 客户端 + 服务"的联防联治解决方案，实现"户、村、乡镇"多级汇聚、分级管控、多屏查看。同时，持续推进 AI "进乡村"，上线 12 项 AI 应用，打造平安乡村、综合治理、智慧种养、乡村文旅 4 个场景化解决方案，AI 应用服务用户超 1000 万。

在江西吉安的乡村小学，孩子们正在"5G+ 智慧阅读室"中，通过"翻转课堂"预习着新学期的课程。基于 AI 算力和内容平台引擎，打造"移动伴学"产品，推出"语言 + 通识 + 艺术 + 科学 + 健康"5A 儿童成长内容，提供 AI 讲题、AI 思路点拨、精准练习等服务

功能，通过泛屏多终端输送至全国各地，以丰富的数字化教育资源，促进优质教育内容普惠共享。

在河南兰考的长寿村张庄村，上百名80岁以上的高龄老人都有了属于自己的健康云档案，由 AI 健康管家帮助村医进行健康分析。借助家庭生态和平台优势，构建起"移动康养"产品体系，通过搭建"硬件＋内容＋服务"平台，提供慢病监测、医疗咨询、健康管理等功能，服务银发、慢病、运动人群，联合社区养老院、社区医院、村卫生室等，为用户提供"健康建档、诊疗决策、智能推荐"的健康管理服务闭环，让健康惠民落实到"最后一公里"。

◎ 在社区养老院开展"移动康养"健康惠民服务

以民为本，踏实做好为民服务的每一件小事、实事，擦亮"移动爱家"品牌，提升人民生活幸福感，以 AI 聚力，为智能生产、数字治理注智赋能，锻造属于移动人的"新动力量"，实现科技发展"家"速度。

三、合作为要，构建有爱的美好之家

在2024年中国移动全球合作伙伴大会上，"移动爱家"客户品牌全面焕新发布。"有 AI 的智慧之家，有爱的美好之家"这句"移动爱家"的品牌内涵，不仅承载着亿万"小家"对智慧美好生活的期待，也是家庭产业链"大家"的奋斗目标。

智慧家庭运营中心牵头构建中国移动智慧家庭子链，上链企业达

280家，联合攻关23项重大课题。截至2024年年底，智慧家庭子链体系已打造智慧家庭生态合作产品2670款，其中700款产品成功进行了市场化推广，展现出强大的产业牵引力。

2022年，科大讯飞与智慧家庭运营中心共同成立了"联创+"智慧家庭智能交互联合实验室，针对语音关键技术开展联合研发，家庭场景语义理解方面的准确率超过了90%。同时，借助中国移动家庭市场规模优势，以家庭产品为触点，将语音交互技术应用到了上亿家庭用户的客厅里，电视语音遥控服务实现了行业第一的成绩。协同海康、大华等合作伙伴，共同构建业界最大规模生态合作联盟，累计引入14大类800余款硬件，TOP20品牌品类全覆盖，形成消费类安防领域最大生态集群，有效拉动芯片、模组、整机等产业化收入实现增长。

产研协作之外，智慧家庭运营中心也大力推进省专协同，与省市公司的"家人们"，共同推动家庭产品的落地与推广。在新疆、西藏，成立智能民语联合创新实验室，针对少数民族语音识别模型开展攻坚，推出双语遥控器，有效打通了少数民族语言壁垒。目前，维汉双语遥控器已服务104万用户，维语遥控语音能力累计调用超9000万次，让各族群众享受到了科技和信息化发展成果。

迈向新征程，智慧家庭运营中心将立足"移动爱家，让家更有AI"的使命愿景，以新质生产力塑造家庭市场高质量可持续发展的新优势，坚定不移推动改革创新成果惠及千家万户。

▲（文／图　施乐嫒　厉安恬）

共赴 AI+ 通信新征程

党的二十届三中全会提出"强化企业科技创新主体地位,建立培育壮大科技领军企业机制,加强企业主导的产学研深度融合"。中国移动互联网公司(以下简称"互联网公司")始终把科技创新作为锻造企业核心竞争力的关键,以"敢闯、敢创、敢干"的奋斗之姿,向"深"钻研、向"难"突破、向"新"发力,在践行网信领域国资央企的使命任务中奋勇争先,在打造中国移动第二增长曲线中实现 AI 与通信的双向奔赴,加快发展新质生产力,为实现高质量发展持续注入强劲动力。

互联网公司深入学习贯彻习近平总书记重要讲话精神,永葆"闯"的精神、"创"的劲头、"干"的作风,将改革开放经济特区"敢为人先"的精神传承到科创特区的建设中,深入落实集团"AI+"行动计划、"BASIC6"科创计划、"两个新型"升级计划,坚持"All in 科创,All in AI",在融合 AI 算法打造通话新体验中挺在前,在做深做长通信价值链中冲在前，把科技创新"关键变量"转化为高质量发展的"最大增量"。

◎《科技强国，青年有为》作品亮相集团公司"新动力量"宣讲报告会

一、敢闯：向"深"钻研，"从 0 到 1"夯实基础

5G 新通话是中国移动基于算力网络的新一代通话产品，互联网公司主动把握"AI+"时代浪潮，组建"AI+5G"新通话技术攻坚团队，借助 AI 大模型重塑通信网络，通过在通话中叠加 AI 算法和算力实现传统音视频通话升级，提供一系列通话增强服务和创新应用，进一步构建高清、可视化、高交互的智能通话生态。

2023 年 10 月，在中国移动全球合作伙伴大会上，前中国女排队长、奥运冠军魏秋月作为产品体验官，拨通了全球首通基于 DC 商用网络的新通话呼叫，在视频通话中体验了文件分享、位置共享等功能。从现场的直播大屏可以看到，双方的操作均无须切出通话界面，十分便捷高效。这是一次具有历史意义的呼叫，标志着新通话在商用网络上实现了 DC 技术的突破。参与了现场连线的 5G 新通话产品总师曾囡莉难掩心底的激动："通话接通的那一刻，我自己是非常激动的，AI 让通话更精彩的愿景在逐步实现。"

成功不会一蹴而就，它是每次合力攻坚的积累沉淀。曾囡莉作为产品总师，负责开展 5G 新通话产品及新能力规划演进、研发落地等工作。她说道："5G 新通话是典型的平台型业务，在承接这一战略产品任务的前期，团队花了大量的精力搭建新通话运营管理平台、媒体能力平台等业务系统并部署上线，这也为后续新通话开放生态夯实了基础。"在团队成员上下一心、攻坚克难的共同努力下，5G 新通话发展迎来了新局面，目前已为超 2000 万用户提供趣味通话、点亮屏幕、AI 速记等智能场景应用，并赋能出行、快递、电商等垂直细分行业通话服务的全链路 AI 升级，助力企业服务质量提升和业务流程数智化转型，通过新通话 SDK、新通话应用商店等生态开放，打造 AI 的高频入口，引领通信服务全面迈向智能化。

◎ 全球首通基于 DC 商用网络的新通话正式拨通

二、敢创：向"难"突破，创新自研合力攻坚

2024 年 7 月，在 2024 世界人工智能大会上，由互联网公司牵头，联合上海移动、研究院共同打造的中国移动《5GA² （5G-A×AI）智能

通信解决方案》项目经过激烈角逐，获得了"SAIL之星"奖，一举打破了国内外头部科技企业垄断的人工智能领域"奥斯卡"奖。7年首次获得该奖项，既是对中国移动5G-A网络与AI深度融合创新的肯定，也是对互联网公司在人工智能领域多年积累与成效的认可。

同样在这次大会上受到国内外参展嘉宾关注的，还有首次亮相的5G新通话"同声传译"智能体。随着"City不City"的"China Travel"在国内外视频平台上不断"刷屏"、热度走高，大量的海外游客涌入上海等城市。为更好地赋能跨语言沟通交流，5G新通话在"智能翻译"的基础上，创新推出了"同声传译"智能体，融合大模型AI能力，实现双边语音同声传译，为用户提供更灵活便捷、体验一致的全新通话方式。

不同于常见的翻译设备和翻译应用，在通话过程中实现"同声传译"还是第一次，没有可参考的范例，团队成员只能自己摸索。新通话自研团队研发能手黄海龙与产品经理就技术方案进行了多次研讨，发现技术难点在于如何在满足"并发高、时延低"的前提下，将不同编码的实时通话语音数据进行多层算力处理，实现同声翻译，这对自研团队来说是一项颇具挑战性的任务。黄海龙回忆起技术攻坚的过程："从第一版DEMO开始，经过多轮算力选型、调度机制和编码流程调优，已成功将同传时延压缩

© 2024世界人工智能大会5G新通话展区人头攒动

了一半以上，并根据使用场景不断打磨细节，为这个产品的生产化提供更好的用户体验。"一个功能服务齐全、使用体验"丝滑"的新技术产品，离不开新通话技术团队的不懈努力和持续创新。现阶段团队正在全力以赴，加速推进 5G 新通话"同声传译"的正式上线及推广应用。

三、敢干：向"新"发力，高效协作"破圈"出彩

2024 年 8 月，四年一度的体育盛事巴黎奥运会吸引了全世界的目光。结合奥运会热点赛事，5G 新通话上线"新通话陪你趣观赛"系列活动，提供"一键加入助战团"、每日赛事看点播报视频来电、体育风格数智人等精彩玩法，吸引超 150 万人参与活动，为全国各地观看奥运会的观众提供丰富的社交互动和沉浸式观赛体验。

早在 2023 年杭州亚运会前，互联网公司 5G 新通话团队就收到了"智能亚运"项目需求，面对现场网络联调工作复杂、小语种翻译能力不足等困难，连续鏖战 20 余天，最终在开幕前一周完成交付，助力"亚运定制版"5G 新通话亮相国际赛事。2024 年年初，5G 新通话又迎来了一场远赴万里的"出海"，在 2024 年世界移动通信大会上展示了位置分享、AI 速记应用等 5G 新通话应用，再次彰显了移动科技智慧与速度。

◎ 5G 新通话"出海"参展 2024 年世界移动通信大会（巴塞罗那）

习近平总书记指出："人民的需要和呼唤，是科技进步和创新的时代声音。"[1] 接连成功亮相亚运会和海外展会，5G新通话在海内外的知名度不断扩大，满足人民群众对高质量数智产品的新期待，成为团队持续创新和提升产品品质的强大动力。接到奥运营销的任务后，面对时间紧、任务重的双重挑战，新通话业务团队项目经理徐祥沣在筹备阶段积极行动，组建新通话奥运营销攻坚小组，在集团市场部指导下，与各省、专业公司迅速明确分工，建立有效的沟通机制，整合各方资源，和团队一起加班开展网络联调、开发测试、监控保障等工作。"我们坚持以人民为中心，提供在通话过程中按数字键00即可设置同款点亮屏幕的便捷服务，尽可能地降低用户参加活动的门槛，同时拉通各产品能力，增强用户的沉浸式体验。"徐祥沣说。尽管这次活动涉及多个产品，但在跨公司、跨部门、跨团队的高效协同下，顺利拉通明星来电信息触达与可信名片安全认证功能，用户通过每日赛事看点播报视频来电等服务，开启全新社交体验，让一起看比赛的日子也变得趣味十足。

互联网公司将继续乘着"AI+"战略的东风，加快培育新质生产力，为通信插上AI的翅膀，为社会带来泛在、普惠、智能、易用的通话服务。

▲（文／图　伍颖仪　刘荻娜）

---

[1]《习近平著作选读》第1卷，人民出版社2023年版，第496页。

万物智联，聚红"芯"

党的二十届三中全会指出，"统筹强化关键核心技术攻关，推动科技创新力量、要素配置、人才队伍体系化、建制化、协同化"。作为国资委科改示范行动单位、首批启航企业和国资委基层改革联系点，中国移动物联网芯昇科技（以下简称"芯昇科技"）研发团队认真学习践行习近平总书记关于科技创新的重要论述，聚焦RISC-V技术路线，着力解决芯片国产化核心技术和"卡脖子"难题，打破技术封锁，全力攻克一道道疑难复杂的技术难关，筑牢数字经济安全底座，为实现芯片产业的自主可控发展持续贡献力量。

近年来，新一轮科技革命和产业变革加速发展，新技术呈现爆发式增长的态势，关键核心技术攻坚任务更加艰巨和迫切，作为推进科技创新产业发展内驱动力的芯片技术成为自研的关键性难题。芯昇科技研发团队认真学习践行习近平总书记关于科技创新的重要论述，聚

◎《探芯片蓝图 促万物智联》作品亮相集团公司"新动力量"宣讲报告会

焦 RISC-V 技术路线，着力解决芯片国产化核心技术和"卡脖子"难题。

一、牢记领袖嘱托，坚定责任使命

如何"从 0 到 1"建立芯片核心研发能力，是摆在芯昇科技研发团队面前最重要的一个难题。早在 2016 年，以肖青为代表的科研团队就已经意识到芯片在我国集成电路领域的至关重要性，并且率先做出了组建中国移动个人化生产线的决定。在谈及这一决定时，肖青回忆道："个人化生产线完全打破了传统模式，当时面临巨大的压力，因为看不到商业利益。但是这项工作在今天看来是非常正确的。"

时光转逝 3 年，个人化生产线的建立的确实现了芯片个人化业务的自主可控及安全运营，摆脱了对卡商的依赖。但是团队很清楚，一切工作最为核心的是芯片的技术路线、产品路线和工艺路线的选择问题。随着当前智能终端和通信技术的发展，SIM 芯片的迭代升级已然成为通信产业发展的核心关键，如何以 SIM 芯片为切入口，解决被国外严重"卡脖子"的技术难题，过去 3 年的时间里，研发人员做了无数次分析研讨。特别是在超级 SIM 项目的研讨过程中，团队意识到，芯片属于 32 位安全芯片，内核依赖于国外 ARM 公司授权，并且传统 SIM 卡在运算、存储、传输上还存在着严重的技术短板，国外 JavaCard 软件性能甚至 20 年未曾更新。

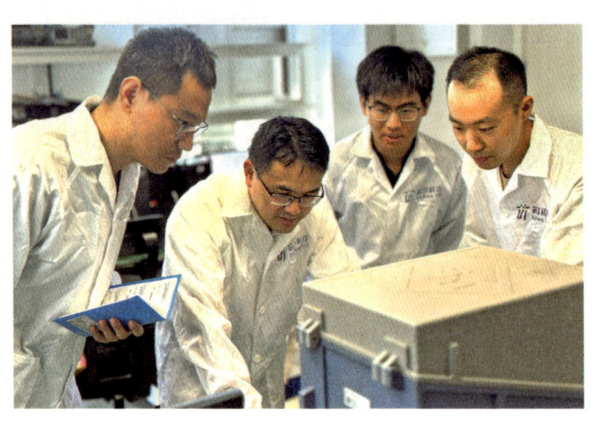

要解决这一系列问题，就好比在汪洋的大海之中亲手填造一个全新的岛屿，必须在被垄断的局面中站稳国产化的脚跟。研讨会异常激烈，经过 10 个小时高强度的思维碰撞，团队

◎ 芯片研发团队在实验室进行产品测试

发现，传统的指令集架构 X86 和 ARM 虽然长期以来被西方主导，占据着主流市场，但是新兴的开源指令集架构 RISC-V 日益成为全球芯片竞争的新赛道，开源、开放、简洁、灵活的特性使其成为我国解决芯片内核领域"卡脖子"问题的重要突破点。作为负责人的肖青当即决定：万物互联的智能化需求太大了，必须把芯片的主动权抓在手里，锚定 RISC-V 技术路线，坚决"破 0 求 1"。

二、感悟思想伟力，砥砺奋进争先

在超级 SIM 芯片的研发过程中，研发团队快速定位，聚焦"破 0

求 1"的目标，火速开展了一场以 RISC-V 为内核的国产化芯片技术演进之战。从那天开始，团队成员开展了上百件竞品分析，一边奔走在全国各地市场，一边又回到实验室反复测试、打磨、优化、迭代，和时间加速赛跑。为了加快研发进程，研发团队还开发了全自动化测试平台，产品测试时间由原来的 5 小时大幅缩短至 15 分钟，极大提高了开发效率，并且经过反复对比和测验，研发人员对每一个技术难点都进行了综合分析，在研发过程中进行多点创新设计，最终提交了 27 项发明专利，形成了一种基于 PMP 的 RISC-V 芯片物理内存保护机制优化方案，关键性地解决了内核问题，这一技术是国内首次将 RISC-V 内核应用于高性能 SIM 芯片，实现了全国产化，芯片扩展存储空间、新增安全算法、支持应用动态加载、支持 NFC 刷卡等能力，演进成为一种承载各类敏感数字资产的高安全载体。

2024 年 6 月，上千个日日夜夜的汗水凝结出了成果，中国移动举办 5G 智能物联网产品体系发布暨推介会，此次大会正式发布了全球首颗 RISC-V 内核超级 SIM 芯片 CC2560A。在 2022 年和 2023 年的两次院士专家评审中，以倪光南院士为代表的专家组一致认为，中国移动勇担国家科技攻坚任务，基于 RISC-V 开源指令集架构研发超级 SIM 芯片产品，国产化意义重大。

每一次的成功都鲜明地展示了中国移动科研团

◎ 芯片研发团队在实验室进行产品测试

队敢于担当的先锋形象，更加充分地证明了习近平新时代中国特色社会主义思想的强大伟力。在这个看似平凡却又充满神奇的科研世界里，每一位科研工作者都是一颗璀璨的星辰。

三、传承红色基因，凝聚奋斗精神

近年来，芯昇科技的科研团队充分发挥专业优势，还先后承接了国资委5项、科技部1项、工信部1项等重大专项任务。其中，在核心领域首创了基于RISC-V内核的NB-IoT单核处理器架构，NB芯片综合性能处于国内第一梯队。解决方案采用国密算法硬加密芯片配合安全平台实现端到端数据安全。发布了中国移动首颗以RISC-V为内核的MCU芯片、NB-IoT通信芯片，全球

◎ 芯昇科技系列芯片发布会

首颗64位RISC-V内核LTE-Cat.1通信芯片，研发的MCU、NB-IoT、LTE-Cat.1等3款芯片先后入选国资委《中央企业科技创新成果产品手册》。

面向未来，芯昇科技将以技术创"新"，提升"芯"动能，着力推动RISC-V产业生态繁荣和芯片全国产化进程，为奋力谱写世界一流信息服务科技创新公司的崭新篇章贡献芯昇力量。

▲（文／图　吴显行　邢志鹏）

第三篇

为民服务暖人心

  一切为了人民、一切依靠人民。党的二十大报告指出，要坚持以人民为中心的发展思想，让现代化建设成果更多更公平惠及全体人民。中国移动把满足人民群众对美好数字生活的向往作为奋斗目标，充分发挥信息通信服务优势，着力打造普惠便捷的数字生活新生态，以为民服务暖人心的生动实践积极回应"民之所呼"。本篇章汇聚中国移动关于为民服务方面的优秀作品，生动讲述中国移动践行"客户为根、服务为本"理念，用优质网络连接美好生活，以创新应用赋能民生改善，争当信息惠民、数字便民、智能利民先行者，奏响一曲曲为民服务之歌的精彩故事。

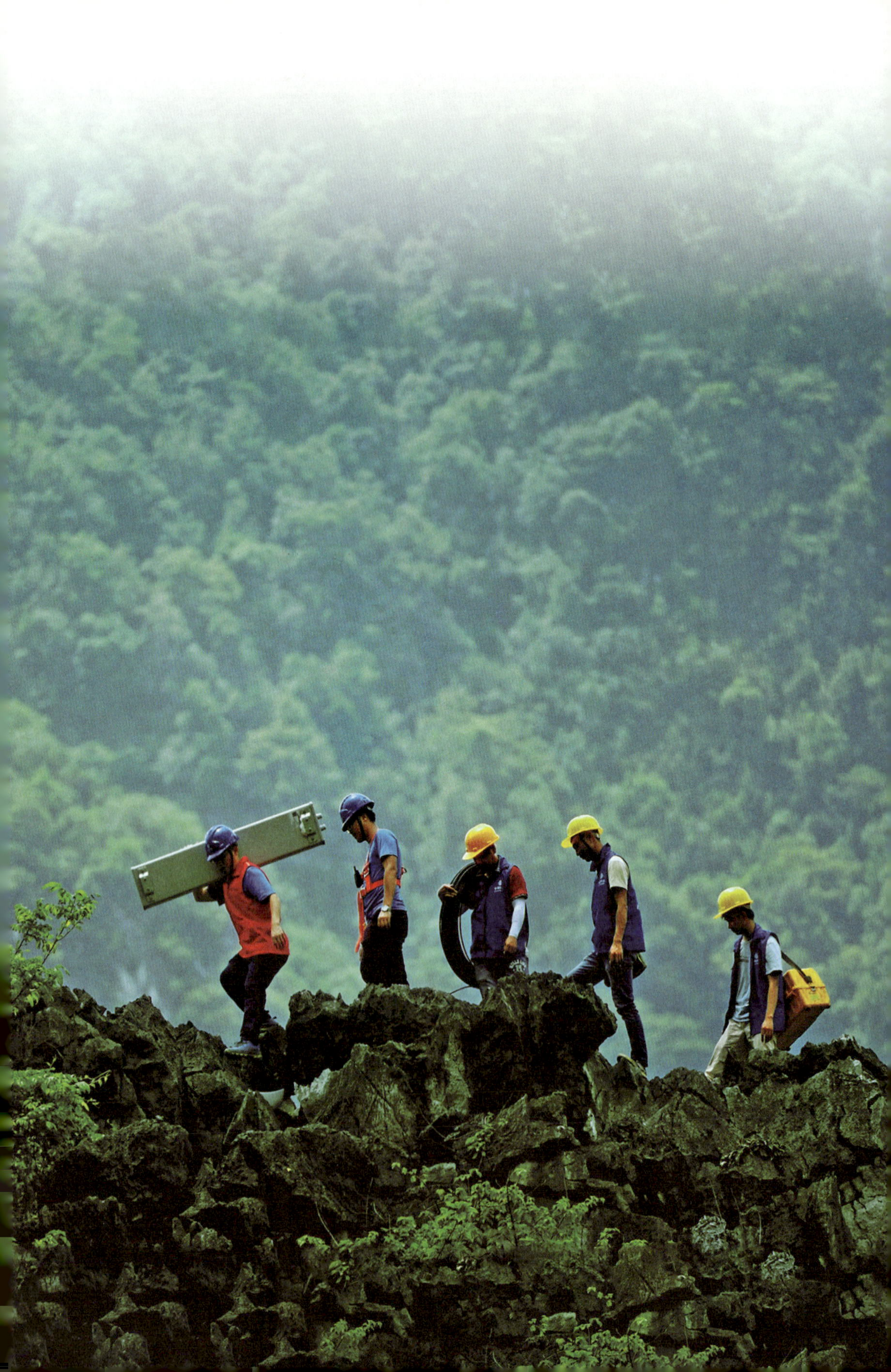

大兴安岭"嘎查"振兴的筑梦人

党的二十届三中全会提出"培育乡村新产品新业态",为乡村高质量发展擘画了蓝图,明确了方向。"国泰民安,民安才能国泰",让乡亲们过上好日子,是党中央深入推进乡村振兴的出发点和落脚点。党的十八大以来,习近平总书记3次亲赴内蒙古考察,对这片土地始终深情牵挂。中国移动内蒙古公司(以下简称"内蒙古公司")以习近平新时代中国特色社会主义思想为指导,深入贯彻落实党的二十届三中全会精神以及习近平总书记在内蒙古考察时的重要讲话和重要指示批示精神,践行央企担当,充分发挥"三个主力军"作用。多年来,派出一批批专家深入一线推动乡村振兴,书写了移动人情系边疆群众、履行社会责任方面的生动实践。

全面建设社会主义现代化国家,最艰巨最繁重的任务仍然在农村。党的十八大以来,党中央把脱贫攻坚作为实现第一个百年奋斗目标的重要工作,全面打响了脱贫攻坚战。内蒙古公司网络专家赵志强作为

◎《大兴安岭"嘎查"振兴的筑梦人》作品亮相集团公司"新动力量"宣讲报告会

第一批驻村干部，只身来到离家 1500 公里的兴安盟扎赉特旗哈日础鲁嘎查，带领嘎查 400 余户村民摆脱贫困，奔向小康。2021 年，赵志强在北京人民大会堂举行的脱贫攻坚表彰大会上被授予"全国脱贫攻坚先进个人"称号。

◎ 赵志强在人民大会堂被授予"全国脱贫攻坚先进个人"称号

一、笃定初心，用脚步丈量民情民意

"哈日础鲁"蒙语意为"黑色的石头"，地处大兴安岭南麓，干旱少雨、土地贫瘠。在哈日础鲁嘎查410户村民中，建档立卡贫困户就有141户，贫困率高达29.8%，是国家级贫困地区。赵志强入村后，被村里的生活环境震惊到了，村民们住的还是石头房，老弱病残多，硬件设施和卫生环境都很差，这让赵志强心里很不是滋味，也更加坚定了帮助村子改变现状的决心。

"一身朴素的衣服，黝黑的脸庞，淳朴的笑容"，这是村民们对赵志强的第一印象。来到嘎查后，赵志强为了与村民拉近距离、摸排情况，他挨家挨户上门调研，深入了解大家的困难和需求。哈日础鲁嘎查的141户建档立卡贫困户，他不知道已经跑了多少次。摆在赵志强面前的第一个难题就是语言，哈日础鲁嘎查98%以上村民都是蒙古族，不懂蒙语的他与大家完全无法交流。为了让沟通更顺畅，赵志强开始自学蒙语，他一有时间就主动跟村干部和村民学习，不懂的词就用拼音和汉字标注在笔记本上，密密麻麻的笔迹记录了他的努力，更承载了他对驻村工作的一腔热情。他一边自学语言摸排情况，一边梳理思路吃透政策，在环境的熏陶下，一年后，赵志强已经可以轻松自如地和村民们用蒙语交流。"语言通了，心也通了，大家的关系一下子就拉近了。"慢慢地，大家都不再拿他当外人，家里有什么困难都愿意跟他唠唠。赵志强用脚步丈量着哈日础鲁34平方公里的土地，也用真心走进了乡亲们的心中。"我是从农村出来的孩子，对这片土地有着抹不掉挥不去的深厚感情，只有脚踏实地为乡亲们干点实事，我这心里才舒坦。"赵志强说。在驻村扶贫工作中，他所展现出来的坚韧品格和奋斗精神，成为大兴安岭深处中国移动为民服务的一张闪亮的名片。

二、坚定方向，产业扶贫扛起责任担当

产业旺，乡村兴。习近平总书记反复强调："产业振兴是乡村振兴的重中之重，也是实际工作的切入点。"多年来，哈日础鲁的村民们主要以种植农作物和养殖牲畜为生，当地干旱少雨，土地贫瘠，农作物种植往往"看天吃饭"，这是导致当地贫困率居高不下的主要原因之一。"授人以鱼不如授人以渔"，要想彻底摆脱贫困，一定要发展自己的产业。为了寻找合适的项目，赵志强四处走访调研，邀请专家评估，考虑到当地昼夜温差大、日照时间长的特点，他决定发动群众养殖黑木耳。拿着内蒙古公司的20万元启动资金，他带领工人建起了厂房和养菌室。面对村民的不理解，他挨家挨户做工作、讲政策，奔走各地拓展销路。几乎每天都能看到赵志强在基地翻土、消毒、除杂物的身影，这朴实的身影也成了开启村民心门的"钥匙"。随着越来越多的村民加入黑木耳养殖

◎ 赵志强带领村民在黑木耳养殖基地工作

队伍中来，赵志强在村里成立了黑木耳合作社，由村民入股共同管理分红，为村集体经济形成了长期稳定的致富项目。就这样，黑木耳种下了村民共同富裕的"种子"，慢慢生根发芽、茁壮成长。如今，哈日础鲁已成为颇具规模的黑木耳养殖基地，基地年生产能力达到80万棒，助力当地村民人均增收1.2万元/年。

村里的赵青龙老两口身体不好，儿女打工在外，多年来一直靠种植玉米为生，对黑木耳养殖始终不敢尝试。赵志强了解到他们的顾虑，多次来到家中做工作，一次又一次的促膝长谈让老两口下定了决心，这一决定也彻底改变了家里的贫困状况。"志强推荐的扶贫项目好，他是真正地为我们村民着想，即使没养过，我们也愿意跟着他一起干。"赵青龙说道。除了黑木耳养殖，赵志强还根据每户村民的特点，因人而异开展"菜单式"扶贫，为嘎查141余户建档立卡贫困户落实了700余头牛马等牲畜的养殖，切实扩宽了乡亲们的致富渠道。

三、情系乡亲，为农牧民架起信息"通途"

习近平总书记指出："相比城市，农村互联网基础设施建设是我们的短板。要加大投入力度，加快农村互联网建设步伐，扩大光纤网、宽带网在农村的有效覆盖。"[1]身为内蒙古公司网络专家的赵志强，更是不遗余力推进哈日础鲁的信息化建设。了解到嘎查的5个自然村中有4个没有开通宽带、1个村子移动信号弱的情况，赵志强亲自进行实地测试，并将测试结果形成调研报告。在他的积极推动下，内蒙古公司党委投资70余万元，大力推进哈日础鲁的通信基础设施建设。架光

---

[1]《习近平在网络安全和信息化工作座谈会上的讲话》，新华网2016年4月26日。

缆、爬铁塔、装设备、测信号……在大兴安岭南麓，通信设备被一点点运进大山深处。随着一座座基站拔地而起、高耸入云，哈日础鲁整村实现了4G信号覆盖，232户村民全部用上了移动宽带，一条条光缆拉进千家万户，系起乡情民心。在赵志强的帮助下，村民们做起了网络直播，优质农产品和黑木耳通过网络走出嘎查、走进千家万户，为村民们开辟了增收脱贫的新路。此外，内蒙古公司还为村民们提供了扶贫资费套餐，通过补齐通信基础设施短板，真正架起了山村与外界的信息"通途"，不让他们在信息时代掉队。

民族要复兴，乡村必振兴。多年来，内蒙古公司大力推进乡村地区通信基础设施建设，连续九年承担电信普遍服务任务，使通信网络持续向偏远贫困地区延伸，为他们打开了连接世界、交流信息的窗口。如今，全球运营商最大单体智算中心在内蒙古落成，让边疆地区群众也能够享受到"智算九州"带来的发展红利。

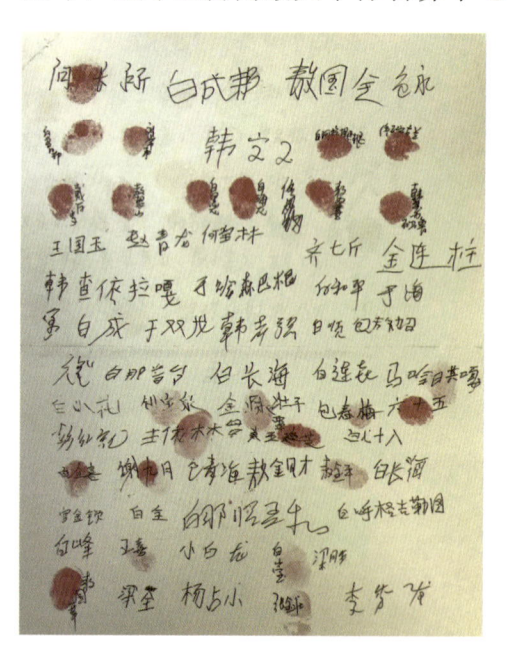

◎ 哈日础鲁的村民们联名为赵志强写下的挽留信

时间从来不语，却回答了所有问题；岁月从来不言，却见证了所有真心。驻村扶贫的581个日日夜夜，通过赵志强与村"两委"、驻村工作队的共同努力、艰苦奋斗，哈日础鲁整村提前一年实现脱贫目标。赵志强为村里做的一件件实事焐热了村民们的心，当他结束驻村工作即将离开时，村民联名写下一封挽留信,一个个红手印蕴含着村民们淳朴的感情和无声的感激,也是对赵志强扶贫工作的最好褒奖。

在这场举世瞩目的脱贫攻坚伟大事业中,无数像赵志强一样的移动人,一身土、两脚泥,善作为、敢担当,用实际行动写下了一个个担当奉献的故事,也是中国移动践行社会责任的缩影。内蒙古公司将以数智力量推动边疆民族地区高质量发展作为使命和责任,使巩固拓展脱贫攻坚成果同乡村振兴有效衔接,大力推进乡村地区特别是偏远地区的通信基础设施建设,谱写中国移动履行社会责任、增进民生福祉的生动乐章。

▲(文/图 孙佳音)

我的名字

习近平总书记对深入开展学雷锋活动作出重要指示："雷锋的名字家喻户晓，雷锋的事迹深入人心，雷锋精神滋养着一代代中华儿女的心灵。"[①] 实践证明，无论时代如何变迁，雷锋精神永不过时。辽宁，是雷锋精神发祥地，也是全国学雷锋活动策源地。近年来，中国移动辽宁公司（以下简称"辽宁公司"）在推进新时代创业的进程中涌现出一批先进典型，他们以新时代创业赓续雷锋精神，先后打赢了新时代创业"塔山阻击战""锦州攻坚战"，实现了发展质效新提升、能力建设新提升、改革创新新提升、担当作为新提升、党建引领新提升，用实践实绩书写新时代的雷锋故事。

---

① 《习近平对深入开展学雷锋活动作出重要指示强调　深刻把握雷锋精神的时代内涵　让雷锋精神在新时代绽放更加璀璨的光芒》，《人民日报》2023 年 2 月 24 日。

他的名字，如同青春的赞歌，奉献的图腾，不仅承载着深沉的信仰，更彰显出不朽的精神光芒！在这片广袤的中华大地上，这个名字从默默无闻到家喻户晓，穿越岁月的长河，熠熠生辉。

他生于 1940 年 12 月 18 日，老家在湖南长沙简家塘，小名庚伢子。没错，他就是雷正兴。在当工人时，他将名字改为"雷峰"，意为"攀登高峰"，站得更高、望得更远；在入伍前，他又把"峰"改成了"锋"，意为"冲锋在前"。无论是雷正兴、雷峰还是雷锋，"拧在哪里，就在哪里闪闪发光"。时光流转，雷锋誓言在新时代绽放。看，在辽宁公司，移动人奋斗的画卷徐徐展开……

◎ 辽宁公司举办"新动力量"宣讲报告会

一、敬业奉献、勇攀高峰

从农业社的记工员、县乡政府的通信员，到农场的拖拉机手、工厂的推土机手，再到人民军队的汽车兵……雷锋幼孤少贫，一路走来，并不容易。对待困难，他说："这些困难……'纸老虎'而已。问题是我们见虎而逃呢，还是'遇虎而打'？"对待坚持，他说："钉子有两个长处，一个是挤劲，一个是钻劲。我们在学习上，也要提倡这种钉子精神，善于挤，善于钻。"

她是辽宁公司网络部总经理吕傲然，不怕困难、善于钻研是她的座右铭。作为网络部的领航者，她聚焦痛点难点，坚持以客户感知为中心，双管齐下，同步解决移动网络和家庭网络短板问题。她从无线网络着手，推进5G精品网、4G极简网的演进策略，开展无线质量攻坚、全场景领先行动，全力攻坚网络黑点，高质量解决弱覆盖居民区、高负荷校园、感知差景区等关键场景问题，实现全量关键场景全面领先。她完善"四域六维"家宽运营数智化服务体系的顶层设计，系统提升家宽满意度。

地铁上有她读书的身影，深夜里有她加班的灯盏。她抬头做战略，入局搭中台，躬身进现场，严格练队伍……集团公司网络及运行安全奖、网络运维创新奖、中国移动通信与网络安全保障突出贡献奖，荣誉是公司对她的肯定；"思路清晰""雷厉风行"是同事们对她的赞许。作为网络生命线的保障者、条线员工的

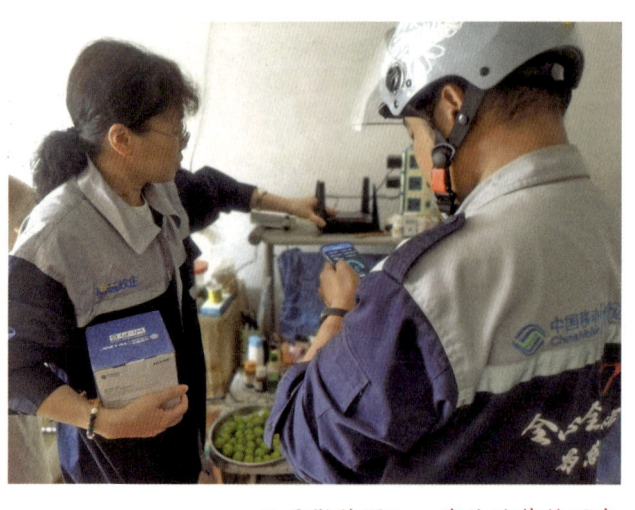

◎ 吕傲然深入一线体验装维服务

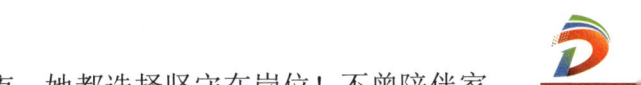

带头人，一个个阖家团圆的除夕夜，她都选择坚守在岗位！不曾陪伴家人，似乎是遗憾，但更是责任！

在领导眼中，她是攻坚克难、善打硬仗的巾帼强将；同事们说，她是精益求精、敢打敢拼的女中豪杰；她总说，自己哪里优秀，只是关键时刻再坚持一下、更努力一点……

二、为民服务、坚守初心

20世纪五六十年代，工厂里、文艺队、汽车班、出差路上，经常能看到雷锋埋头钻研、帮助战友、服务人民的身影。在日记里，他这样写道——"人的生命是有限的，可是，为人民服务是无限的。我要把有限的生命，投入到无限的为人民服务之中去。"

他是辽宁公司客户运营中心总经理王平。他坚守为民初心，坚定精益求精，坚持做难而正确的事，提升格局、打开视野、转变思维，在不断地否定和颠覆后，打造了开放、包容的"辽友会"平台，助力一体三域客户运营服务体系的升级演进。

累累硕果的背后，是王平忘我的执着坚守。从网络管理中心的技术骨干，到市场领域的营销专家，再到成为全省客户运营中心的带头人，他铸匠心、守初心、秉恒心！一次意外，王平腿部骨折，他卧床休养却坚持远程办公，那些他带着伤腿赶制方案，把手术一拖再拖的日子，让同事们心生敬意。他用两个月的时间孕育了一个崭新的平台，用似乎不是市场运营的模式运营市场……面对压力挑战，不断探索尝试，他积跬步破风前行！打开边界，广泛学习，精细管理，把市场经营的视角从产品思维转向客户思维，把满足客户需求作为出发点，找到产品演进的方向，做优心级服务，三域协同，实现了客户价值、企业价值双提升。

他是同事口中"以互联网思维推动公司发展的专家"。他怀揣"全心全意为人民服务"之心,让服务客户的路越走越长、越走越坚定。

三、创新创业、奋发有为

新时代与雷锋所处的年代情况不同、挑战不同,但战胜挑战、赢得胜利所需要的进取锐气没有变,所展现的雷锋精神没有变。2013年全国两会期间,习近平总书记在参加辽宁代表团审议时指出,"雷锋、郭明义、罗阳身上所具有的信念的能量、大爱的胸怀、忘我的精神、进取的锐气,正是我们民族精神的最好写照,他们都是我们'民族的脊梁'"。

她是辽宁公司权益项目组带头人李关星。从陌生到熟悉,从追赶到领跑,从描绘蓝图到实践落地……两年多的时间,李关星在权益新赛道上跑出了"加速度"。比组员先学一步、比同事多做一点。凭借"信心

◎ 李关星带领团队深化权益运营

贵于金"的信念和"人心齐、泰山移"的坚定,她带领团队完成了权益产品的甄选和迭代。通过实施产品"全生命周期"策略,她推动辽宁公司数字消费服务成为继 5G 套餐之后第二大增收动能,客户规模也由第 18 位提升至第 6 位,连续两年收入翻番。她牵头打造的"千商万店"合作生态,实现本地数字消费品类数量列全集团第 1 位,数字消费超市会员渗透率名列第 2 位。

低头干,不问诗和远方;抬头看,不顾辛苦和付出。同事们说她是"从来不走,总是在跑的人"。她坚信,星光不问赶路人。从当初的职场新人到如今的事业骨干,星光下,耀芳华。

四、微光成炬、尽显芳华

"伟大出于平凡",是人们描述雷锋精神时最常引用的词句之一。雷锋精神为每一个平凡人,提供了可行的参照,数不清的凡人微光,令我们感动。

◎ 开展"5G+ 红色文化进校园"主题活动

作为根植在雷锋第二故乡的"辽原"种子,辽宁公司把雷锋精神的火种广泛播撒在辽沈大地上。广泛开展"五走进 优服务"学雷锋实践活动,组建 242 支志愿者服务队,注册志愿者 4130 人,广泛开展公益讲座等各类志愿服务活动 4200 余次;深入开展"5G+ 红色文化进校园"主题活动,通过VR眼镜带孩子们"云"游抚顺雷锋纪念馆，以信息化方式将"雷锋精神"的种子种进校园，"让学雷锋在人民群众特别是青少年中蔚然成风"；在全省设立"学雷锋爱心移站"196个，为客户与社会公众提供便捷服务，让心级服务成为辽宁公司新时代"雷锋"的行动指南。

他的名字叫"雷锋"，他们的名字叫"雷锋"，我们移动人有个共同的名字，叫"雷锋"！我们以"雷锋"之名，矢志初心成大道，复兴征途作雄行！

习近平总书记强调："我们既要学习雷锋的精神，也要学习雷锋的做法，把崇高理想信念和道德品质追求转化为具体行动，体现在平凡的工作生活中，作出自己应有的贡献，把雷锋精神代代传承下去。"[1]辽宁公司将持续以实际行动传承弘扬雷锋精神，坚持以客户为中心，深刻把握新时代雷锋精神的丰富内涵，真正将雷锋精神内化于心、外化于行，为高水平建设世界一流信息服务科技创新公司、奋力谱写中国式现代化辽宁篇章贡献力量！

▲（文／图 李佳琪）

---

[1]《习近平在东北三省考察并主持召开深入推进东北振兴座谈会时强调 解放思想锐意进取 深化改革破解矛盾 以新气象新担当新作为推进东北振兴》，《人民日报》2018年9月29日。

壮乡的回响

党的二十届三中全会强调，进一步全面深化改革以促进社会公平正义、增进人民福祉为出发点和落脚点，把"坚持以人民为中心"作为进一步全面深化改革必须贯彻的重大原则之一，充分体现了中国共产党为中国人民谋幸福、为中华民族谋复兴的初心和使命，凸显了进一步全面深化改革的价值取向。中国移动广西公司（以下简称"广西公司"）始终坚持以人民为中心的发展思想，准确把握"国之大者"的深刻内涵和实践要求，从"习声回响""民生回响""初心回响"3个方面，构成了为民服务的生动实践，展示了移动人服务经济社会发展、满足人民美好数字生活需要的责任担当与积极贡献。

中国式现代化，民生为大。党的二十届三中全会指出："在发展中保障和改善民生是中国式现代化的重大任务。"这进一步明确了中国式现代化的价值指向，阐明了中国式现代化行稳致远的重要基石，明晰了以中国式现代化全面推进中华民族伟大复兴的实践遵循，充分彰显了我们党人民至上的执政理念。让人民生活得更加幸福，这不仅是习近平总书记念兹在兹、殷切期盼的"国之大者"，更是移动人孜孜以求、矢志不渝的奋斗目标。

念念不忘，必有回响。听，在壮乡这片充满生机的土地上，服务之心跳动的乐章……

◎ 广西公司举办"新动力量"宣讲报告会

一、习声回响，感恩奋进

在壮乡，习近平总书记的亲切关怀与重要指示如同春风化雨，深深植根于每一位党员干部和群众的内心深处，激励着各族人民紧跟伟大复兴领航人踔厉奋发、笃行不怠。

2021年4月，习近平总书记来到广西桂林全州才湾镇毛竹山村，深情嘱托"全面推进乡村振兴，要立足特色资源，坚持科技兴农"[①]。这声音，如同春风拂面，不仅为广袤的乡村大地带来了勃勃生机，更成为广西公司投身乡村振兴事业的强大精神支柱和不竭动力源泉。

近年来，广西公司积极推进"信号升格"专项行动，紧密依托本地资源和特色，大力推进5G网络建设。"信号升格"打通了信息"大动脉"，毛竹山村智能化种植水平也随之提升，广西公司通过5G技术、数字化等手段打造的5G智慧农业系统数字化平台，对葡萄生长的气温、土质、病虫状况、作物生长情况等"四情"进行实时监测，解决葡萄园管理、安全防范等问题，为葡萄种植穿上"数智新衣"。如今，中国移动5G直播更是成为农户们手中的"新农具"。通过直播带货这一新兴形式，在绿意盎然的田间地头，当地农户就能轻松将自家种植的葡萄销往全国各地，打破了地域限制，拓宽了销售市场，助力农户们驶入致富"新赛道"。

广西公司用愈加丰硕的"绿色粮仓"回应习近平总书记的嘱托，5G赋能乡村有"数"，农业种植有"智"，数智化成为新时代农业的鲜明特色。智慧农业如今已展现出"十八般武艺"，其创新魅力不断被激发，为现代

◎ 技术人员在安装5G智慧果园土壤监测设备

[①] 《习近平在广西考察时强调　解放思想深化改革凝心聚力担当实干　建设新时代中国特色社会主义壮美广西》，《人民日报》2021年4月28日。

农业示范区的绿色可持续发展注入了强劲动力。中国移动与广大农户携手，共同谱写一曲曲动人的"田园诗篇"。在这广袤无垠的大地上，共同见证着农业从"翠绿"迈向"深绿"的繁荣，每一处都越发显得绚烂多彩。

二、民生回响，共愿共鸣

民生无小事，枝叶总关情。党的二十届三中全会审议通过的《中共中央关于进一步全面深化改革、推进中国式现代化的决定》指出，要坚持和发展新时代"枫桥经验"，健全党组织领导的自治、法治、德治相结合的城乡基层治理体系，完善共建共治共享的社会治理制度。

在广西百色市西林县，曾有这样一些问题困扰着基层，"村里水源过滤池故障无法及时处理""小区物业收取不合理高额电费""网格党建工作管理难"等，如何进一步提升基层治理和组织工作质效成为西林县委、县政府的"头等大事"。这声音，是对为民服务宗旨的深情呼唤。

紧扣政府需要、群众关切，广西公司迎难而上，主动争取多方支持，区、市、县公司联合组建党员攻坚突击队，为西林县量身定制"市域治理·西合党建""5G+大数据平台"建设方案。历时4个月，公司携手西林县委、县政府创新打造的"5G+大数据平台"应运而生，通过"智慧组工二维码"，提升组织工作质效；通过"平台指挥终端"，提升跟踪督办精准化；通过"5G+超高清视频监控"，助力建设平安乡村……平台上线后，公司党员攻坚突击队深入西林县党政机关、行政单位、事业单位、社区村委推广培训平台应用，推动"5G+大数据平台"高效落地。

值得一提的是，平台"码上服务"小程序赋能基层治理成效入选

国家信访局新时代"枫桥经验"典型案例。平台的"码上服务"功能，为群众反映问题和解决诉求提供精准高效的"点单式"网格服务。目前，注册用户已覆盖西林

◎ 西林县群众正在扫码使用"码上服务"小程序

县5.2万户群众，平台累计收到群众线上反映诉求问题超千件，解决群众诉求1000多件，化解率达91%，真正实现解决群众反映问题和信访诉求"码"上就解决。

广西公司积极肩负起央企的重任，自觉将自身发展与地方大局紧密相连深度融合，使用先进信息技术为少数民族边疆地区提供了高质高效的服务，切实解决了当地群众的急难愁盼问题，与地方群众携手并进，共同唱响了一曲幸福之歌。

三、初心回响，矢志不渝

广西，约有4万平方公里海域、1600公里大陆海岸线，"一湾相挽十一国，良性互动东中西"。党的十八大以来，习近平总书记3次深入广西考察，作出了"一定要把北部湾港口建设好、管理好、运营好"[1]、

---

[1] 《习近平在广西考察工作时强调　扎实推动经济社会持续健康发展　以优异成绩迎接党的十九大胜利召开》，《人民日报》2017年4月22日。

"大力发展向海经济"[①]、"向海图强、开放发展"[②]等重要指示。

向海图强，离不开数字信息技术的支撑。在广袤无垠的海域，海面场景属于超远覆盖场景，网络规划与陆地场景存在很大不同，海面站点建设"选址难"、安装设备"运输难"、海面信号杂乱"优化难"等困难扑面而来。面对困难和挑战，叩问初心，"人民邮电为人民"！这声音，是信息通信事业发展不断前行的宗旨初心和根本动力。

在北部湾之滨，北海分公司网络部党支部专门组建"党员+专家"的攻坚团队，从"浅滩"到"深海"，从"陆地"到"天空"，勘测现场、安装设备、测试优化调整……经过连续奋战，顺利完成了从最北端到最南端，北海海域近350海里的多轮测试，成功打造了全国首个"陆海空"三维一体的5G立体精品网络，将通信网络从原来几公里覆盖范围拓展到现在近海海域40公里左右，最远覆盖到距离涠洲岛约67公里，渔民向海争"鲜"，渔业向海而歌。

在银滩景区，5G标杆网络，不仅提升了游客的游览体验，更成为展示北海智慧旅游的"新名片"。有了5G网络的加持，广西公司积极对接政府重大项目，推出了"5G+海洋宽带""5G+海洋牧场"等系列标杆应用，尤其是在中国四大渔场之一的北海电建渔港，与电建渔港携手打造的"5G+智慧渔港"项目，在5G技术的赋能下焕发新生，不仅提高了渔船监督管理的效率，更为渔民的生产生活带来了翻天覆地的变化。智慧渔港的建成，为"国字号"渔港经济区的蓬勃发展注入

[①] 《习近平在广西考察时强调　解放思想深化改革凝心聚力担当实干　建设新时代中国特色社会主义壮美广西》，《人民日报》2021年4月28日。

[②] 《习近平在广西考察时强调　解放思想创新求变向海图强开放发展　奋力谱写中国式现代化广西篇章》，《人民日报》2023年12月16日。

了强劲动力。

这支党员队伍，以他们坚定不移的实际行动，展示了中国移动"先进基层党组织"的先锋形象，诠释了责任与担当的深刻内涵，

◎"党员＋专家"攻坚团队在海上开展网络优化测试

彰显了新时代党组织的凝聚力和战斗力，为北部湾向海经济插上了腾飞的"翅膀"。

山川为琴，江海作弦，移动人谱写着一曲曲动人的为民服务之歌。这歌声，如春风拂过八桂大地的每一个角落，如细雨滋润着广西儿女的心田。它诉说着移动人的坚守与奉献，传递着为民服务的深情与厚意。在未来的日子里，这歌声将永不停歇，回荡在八桂大地的山山水水之间，成为激励移动人前行的永恒旋律。

中国式现代化是在改革开放中依靠人民不断推进的，也必将在改革开放中依靠人民开辟广阔前景。广西公司将顺应时代发展新趋势，实践发展新要求、回应人民群众新期待，紧紧把握为民服务这一永恒的主旋律，不断凝聚起推动发展的"新动力量"，以更加昂扬的斗志，奏响奋力谱写中国式现代化广西篇章、高水平建设世界一流信息服务科技创新公司的最强音。

▲（文／图　伍春华）

黔货乘"云"出山

党的二十届三中全会对城乡融合发展进一步作出了战略部署，着重指出要协同推进新型工业化、新型城镇化与乡村全面振兴。产业振兴是乡村振兴的重中之重。习近平总书记赴各地考察时，曾多次走进山野田间，关心当地特色农产品的发展，为特色产业发展谋思路，为农民致富找门路，为乡村振兴拓新路。中国移动贵州公司（以下简称"贵州公司"）积极响应，全面贯彻习近平新时代中国特色社会主义思想和党的二十届三中全会精神，以数智化助力紫茶、金煌杧、苗绣、白泥陶等黔货跨界上线"圈粉"，形成一批具有贵州特色、拿得出手、叫得响亮的品牌和产品，涌现出众多助力农民增收、推动乡村振兴的感人故事，生动诠释了中国移动的责任与担当。

◎《数智乡连，移路欢歌》作品亮相集团公司"新动力量"宣讲报告会

一、数字"云"茶园让紫茶红得发"紫"

2016年4月19日，习近平总书记在网络安全和信息化工作座谈会上强调："可以发挥互联网在助推脱贫攻坚中的作用，推进精准扶贫、精准脱贫，让更多困难群众用上互联网，让农产品通过互联网走出乡村，让山沟里的孩子也能接受优质教育。"[①] 自2015年吹响在黔西南望谟县开展结对帮扶脱贫攻坚的号角以来，贵州公司用近10年的时间，通过实施人才、资金、智志、消费、产业、民生、党团"七项帮扶举措"和乡村新基建、乡村产业、乡村治理、乡村教育、乡村医疗、乡村文化、乡村金融"七大乡村数智化工程"，助力望谟县脱贫攻坚

---

① 习近平：《论"三农"工作》，中央文献出版社2022年版，第195—196页。

和乡村振兴发展取得实效。

产业兴则农村兴。在望谟县郊纳镇八步村延绵的茶山上，堪称茶界"大熊猫"的紫叶紫茎、紫芽紫苞茶树随处可见。为了推动这一珍稀茶品的高质量发展，贵州公司打造了望谟县八步茶信息化平台，为生态茶园基地装上"智慧大脑"。通过物联网设备、精准测绘无人机，对茶园的气象环境、土壤墒情、病虫害等关键信息进行实时采集，并运用大数据分析技术，建立精准茶树长势监测模型、病虫害监测模型，不仅为茶园管理提供科学依据，更为茶园的生产提供植保管理方案和采摘管理方案，从而极大地提升了茶园的数字化生产能力。此外，"5G+"全链可追溯管理系统，从批次管理、种植管理、生产加工管理、质检包装管理到物流配送的全流程追溯，让茶园的每一片茶叶都有了自己的"身份证"，让消费者买得安心、喝得放心。在这里，每一片茶叶都承载着历史与文化的厚重，也见证了科技与传统相融合的力量。

望谟县油迈村曾是一个偏远而鲜为人知的贫困村，村子自然风光秀丽，盛产的芒果品质上乘。但山高坡陡，加之交通不便，芒果难以"走出"大山。贵州公司在油迈村投入20万元产业路专项资金，修筑了8条产业路，覆盖产业用地近4000亩。产业路不仅解决了运输难题，更成为油

◎ 贵州公司志愿者为望谟紫茶进行直播带货

迈村优质农副产品走向市场的关键。贵州公司还积极搭建销售桥梁，大力推广食堂供销、直接采购等方式，为村民提供了稳定的销售渠道。更令人振奋的是，贵州公司利用 5G 网络"信息高速公路"，借助手机"新农具"、直播"新农活"进行特色农产品直播带货，让油迈芒果的声名远播，更让村民们的订单销量成倍增加。这一系列举措，成功将过去零散的"提篮小卖"转变为面向全国市场的规模化销售，让油迈芒果成为助推乡村振兴的"致富果"。

二、数智服务让苗绣"云"上"疯"卖

2021 年 2 月，习近平总书记在贵州省毕节市化屋村考察时指出："民族的就是世界的。特色苗绣既传统又时尚，既是文化又是产业，不仅能够弘扬传统文化，而且能够推动乡村振兴，要把包括苗绣在内的民族传统文化传承好、发展好。"[1]贵州公司牢记习近平总书记的殷切嘱托，充分利用信息化优势，用数智化乡村治理，助力深山里的"非遗高定"走向国际舞台。

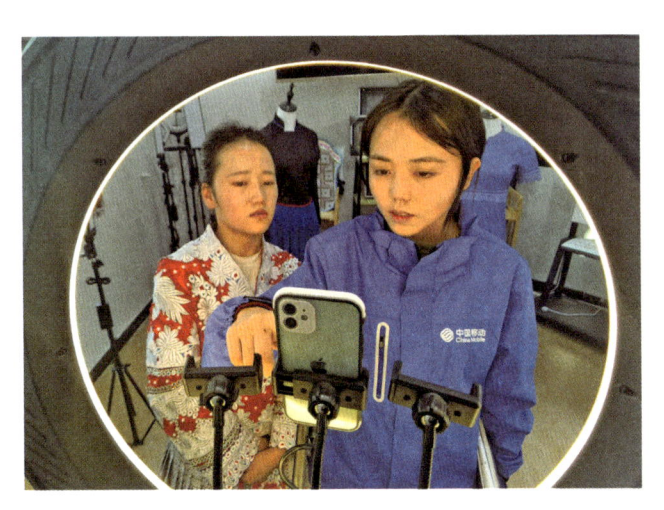

◎ 贵州公司网格长手把手传授直播技术

苗绣号称"指尖上的民族风"，受基础设施的影响，化屋村的苗

---

[1] 习近平：《论"三农"工作》，中央文献出版社 2022 年版，第 232 页。

绣工艺只能自产自销。5G网络、千兆宽带进入后，贵州公司为化屋村量身搭建了"慢直播"平台，抽调专业人员手把手传授直播技术，使绚丽多彩的苗绣迅速通过互联网远销海内外，成为名副其实的"网红"产品。化屋村的直播网红不仅可以通过直播解读苗绣的"文化密码"，网友可以进入"慢直播"欣赏刺绣过程，了解订购产品的制作过程。苗绣工厂的市场销售经理梁国安说："自从用上移动的直播平台后，越来越多的海内外人士认识了苗绣，网上订购量逐日增加。现在除了传统服饰，还推出了西装、职业装、旗袍等30多个苗绣产品。"随着市场需求量的增大，化屋村在黔西市和高锦村新建了两个苗绣工厂，有效解决了异地安置户的就业问题，每年还通过电商平台增加收入300余万元。村民杨杨说："自从化屋村插上互联网的翅膀，真是'乌鸡'变'凤凰'啰！"

贵州公司还通过信息化优势，赋予化屋村更多的致富手段。黄牛扫码认养，通过手机扫描二维码一键适时了解认养黄牛的"日常生活"。"5G+农业"，让果农解放了双手，在家里就能实现全天候监控管理。"5G+数字乡村统一信息平台"，为化屋村开辟了一条乡村治理"新道路"。在化屋村，"5G+数字乡村"已成为乡村振兴路上的"加速器"，越来越多的人通过网络感受到了化屋村独特的民族魅力，让这个曾因贫穷而闻名的村庄搭乘数据快车，融入现代化信息社会，实现了从深度贫困村到数字乡村的华丽蜕变，让化屋村群众的日子过成了很多人羡慕的样子。

三、数字乡村让"一抹乡愁"成就"美丽经济"

2015年6月，习近平总书记在贵州省遵义县枫香镇花茂村考察时指出:"党中央的政策好不好,要看乡亲们是笑还是哭。"① 乡村振兴,产业兴旺是基础,产业兴,就业才能稳,民生改善才有保障,乡村振兴才有动力。贵州公司通过 5G 筑基,巧执"数智"画笔,让乡愁成为乡村振兴的连心桥。

花茂村以前叫"荒茅田",山高谷深、交通不便,产业发展受限,是一个典型的"出行看病难、引水灌溉难、特产增收难"的贫困山村。近年来,贵州公司充分发挥信息化优势,在花茂村建设了多个 5G 基站,实现了 5G 网络从无到有、从有到优,千兆网络建设实现花茂村与城市同网同速,村民和游客在全村任何角落都可享受到极速 5G 网络。如今信息化建设不仅让花茂村成为望得见山、看得见水、记得住乡愁的"最美田园",而且在乡村振兴过程中先走一步,成为美丽乡村建设的典范。面对家乡的现代蜕变,村党支部书记由衷地说:花茂村能有今天的发展,信息化建设功不可没!

非物质文化遗产白泥陶制作工艺第四代传承人母先才介绍:以前传统的销售方式是担挑、车推出去卖,白泥陶制品要碎掉一半,兑换的粮食连养家糊口都不够,没办法只能去外省打工。网络进村后,信息通了,母先才回到家乡重操旧业。为了提高发货速度,贵州公司与村委会协同开发了"一键订单"项目,通过搭建"一键订单"系统,建立陶冶之家集团 V 网,村委适时掌握订单情况,并将订单第一时间推送给快递员,快递员第一时间接单运货。"现在不仅把这份手艺传了下来,而且坐在家里就能把白泥陶制品通过网络卖到全国各地,一年收入六七十万元。"母先才指着自己烧制的"冰墩墩",难掩脸上的笑容说道。

---

① 《习近平在贵州调研时强调 看清形势适应趋势发挥优势 善于运用辩证思维谋划发展》,《人民日报》2015 年 6 月 19 日。

◎非物质文化遗产白泥陶制作工艺第四代传承人母先才介绍自己制作的"冰墩墩"

  像母先才一样通过信息化走向小康的村民不在少数。村民王治强的"红色之家"农家乐每年线上营业额达到60万元,古法造纸传承人张胜迪通过直播将文创产品远销省内外……这些致富带头人运用信息化手段把民俗、农家乐和乡村旅游融合在一起,带动了一批产业、富甲了一方群众、守住了一片乡愁,花茂村也真正走向了花繁叶茂。

  聚黔地之珍,感黔货之魅。贵州公司将继续厚植"数智之力",做足"土特产"文章,扩大黔货"朋友圈",以数智之笔把"黔货出山"的路拓展得更宽广。

▲(文/图 梁 霜)

扎根独龙江，守护好边疆

党的二十届三中全会指出，"改革为了人民、改革依靠人民、改革成果由人民共享"，这是新时代全面深化改革的宝贵经验之一，也是中国移动云南公司（以下简称"云南公司"）立足边疆民族地区改革发展的出发点和落脚点。云南公司深入学习贯彻党的二十届三中全会精神，带领广大移动人扎根祖国边疆，投身改革发展，勇担科技强国、网络强国、数字中国主力军，坚持通信先行、信息领路、初心不改，用奋斗和担当回应了"中国式现代化，民生为大"的谆谆嘱托，彰显了中国移动坚守"央企姓党"的政治本色，汇聚了中国移动人争创一流、使命必达的磅礴力量，在祖国边疆奏响了"民族团结一家亲、数智助力共欢颜"的新乐章。

抓改革、促发展，归根到底就是为了让人民过上更好的日子。党的二十届三中全会指出，进一步全面深化改革要"以促进社会公平正义、增进人民福祉为出发点和落脚点",充分彰显了中国共产党以人民为中心的价值取向,充分体现了习近平新时代中国特色社会主义思想的世界观和方法论。"让各族群众都过上好日子"① 是习近平总书记一直以来的心愿,也是云南公司立足边疆民族地区改革发展的出发点和落脚点。

沿着云南怒江大峡谷一路北上,就到了祖国西南边陲的独龙江乡,这里是习近平总书记一直惦念的地方,也是中国移动"最美移动人"马春海 20 余载扎根奋斗的地方。马春海始终牢记习近平总书记的谆谆嘱托,用双腿为大山里的独龙族闯出了一条连接世界的信息之路,让独龙族人民过上了更好的日子。

◎《独龙江畔云巅奇迹的创造者》作品亮相集团公司"新动力量"宣讲报告会

---

① 《习近平回信勉励云南贡山独龙族群众 同心协力建设好家乡守护好边疆 努力创造更加美好的明天》,《人民日报》2019 年 4 月 12 日。

一、通信先行，实现"一个民族都不能少"

2014年元旦前夕，习近平总书记就独龙江公路隧道即将贯通作出重要批示，"加快脱贫致富步伐，早日实现与全国其他兄弟民族一道过上小康生活的美好梦想。"作为一名土生土长的独龙族人和赶上好时代的移动通信人，马春海深知，独龙族奔小康一定要通信先行。参加工作以来，让家乡人民通上电话、用上优质网络就是他奋斗的目标。

曾经，一根简陋的溜索就是他重要的交通工具。随着"兴边富民通信工程"的春风拂过独龙江畔，马春海背着几十公斤重的建站设备，在水流湍急的独龙江上划过一道道坚定的弧线，成为那个时代最动人的风景。

横断山区山高谷深，独龙族的聚居区千百年来交通隔绝。曾经，大山的阻隔让村寨之间仿佛咫尺天涯，"放炮传信"的古老方式见证了独龙族人民漫长的等待。但这一切，在马春海的不懈努力下，悄然发生了改变。2004年10月，一个历史性的时刻到来，独龙江乡的第一个通信基站正式开通，那一刻，不仅标志着"放炮传信"时代的终结，更预示着最后一个不通电话的民族迈向现代文明的崭新篇章。接下来的3年里，马春海用双脚丈量着独龙江乡的每一寸土地，克服了冬季大雪封山、夏季滑坡泥石流的重重困难，将网络覆盖到了每一个偏远的角落。

马春海总是说："有条件要建，没有条件创造条件也要建。"于是，没有建筑材料，就用江里的石头盖机房；不通电，就自建水力发电站；没有公路，就人背马驮、肩扛手提走山路运设备……在最偏远的迪政当

◎ 马春海用溜索渡过独龙江开展网络建设

村，只能就地取材，用单块重七八十公斤的大青石垒了个6平方米的石头机房。10余年间，石头基站的旁边，已经矗立起一座崭新的基站，独龙族也从全国最后一个通电话的民族变成了全国第一个整族使用4G、云南第一个拨通5G电话的民族。

2015年1月，习近平总书记在会见贡山独龙族怒族自治县干部群众代表时指出，"全面实现小康，一个民族都不能少。"20余年来，马春海和同事在独龙江累计建设基站61个，这些基站如同信息时代的"烽火台"，点亮了独龙族乡亲们的小康生活。

二、信息领路，过上"更好的日子"

2018年年底，独龙族全国率先实现整族脱贫。2019年4月，习近平总书记再次给独龙江乡亲回信，勉励大家，"脱贫只是第一步，更好的日子还在后头！"作为独龙族的移动通信人，马春海倍感振奋，立志要通过信息化助力乡村振兴，帮助乡亲们过上"更好的日子"。

一条信息高速公路穿过高黎贡山、跨越独龙江，让独龙族这个古老的民族与现代世界畅快连接，也让独龙族的生产生活方式实现了千年跨越。从跋山涉水的基站建设者到信息时代的引领者，马春海走过了独龙江的千山万水，也见证了独龙族一步步跟上时代的步伐。2015年11月，云南省首个乡镇级"中国移动互联网+项目办公室"在独龙江乡揭牌，

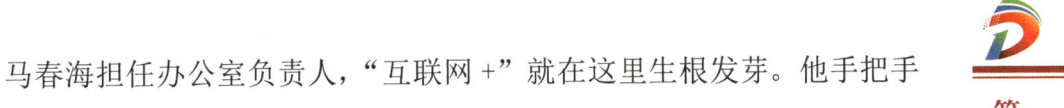

马春海担任办公室负责人,"互联网+"就在这里生根发芽。他手把手教村民在网上开店,帮助独龙江乡特色种养业打开销路,让以往"养在深闺人未识"的草果、重楼、当归等特色优质经济作物走出大山。如今,在最偏远的迪政当村还建成了"林下灵芝一张图"信息化平台。

走进独龙江,乡亲们人手一台智能手机,家家户户都装上了宽带,接入了"平安乡村"平台,一把智慧的"安全锁"守护着乡亲们的平安喜乐。近两年,乡亲们还用上了智慧医疗设备,通过"爱家健康"平台就能实时监测健康状况、在线咨询医生,家家户户都有了自己的"家庭医生"。马春海和同事还在马库国门小学、独龙江乡中心学校建设了"互联网+教育"示范学校,开通了互联网专线,落地175套"云桌面",整合全省优秀教师的授课资源和电子课本资源,让中国移动"蓝色梦想"变成孩子们眼里闪烁的光芒。

"全面建设社会主义现代化国家,一个民族也不能少……"马春海参与并见证了"更好的日子"正在独龙江畔日新月异地呈现。

◎ 马春海教独龙族老人使用"爱家健康"信息设备

三、初心不改,创造"更加美好的明天"

"同心协力建设好家乡、守护好边疆,努力创造独龙族更加美好的明天!"[1] 习近平总书记对独龙族乡亲们的谆谆嘱托,始终在马春海的

---

[1] 《习近平回信勉励云南贡山独龙族群众 同心协力建设好家乡守护好边疆 努力创造更加美好的明天》,《人民日报》2019年4月12日。

耳边回响。20多年来，马春海坚持初心不改，扎根贡山，把实事办好、把好事办实，成为独龙江乡群众心中的"最美移动人"，也成为老县长高德荣口中的"独龙人民的儿子"。

作为党建指导员，马春海成百上千次走进独龙江乡亲的家里，开展"党建进网格、服务进万家"活动。无论是"宽带义诊""套餐体检"，还是设备调测、操作指导，他都驾轻就熟，早已记不清这么多年帮大家解决了多少个问题。乡亲们只要遇到通信方面的问题，总是会第一时间想到马春海，不仅因为他会讲独龙话，更因为他总能把乡亲的小事当成自己的大事去办。在一次"服务进万家"过程中，马春海发现，家住独龙江乡孔当村的老普因家人生病且缺乏稳定收入，生活比较困难。于是，在积极争取帮扶政策的同时，他二话不说，主动出资1万元，帮老普购买了5000株草果苗。去年，草果苗已经结果，老普一家获得了相对稳定的经济收入，全家人的日子越来越有盼头了。这只是马春海20多年来扎根独龙江、服务乡亲的一个缩影。

从自媒体直播到乡村旅游，一大批独龙江年轻人在马春海的引领下找到了致富新方式，成为独龙江与世界连接的"新时尚"。现在的独龙江人从思想到行动，都是"不服输，更不认穷"。能够跟乡亲们一起奋发图强，创造"更加美好的明天"，马春海打心底感到高兴。

◎ 马春海和同事一起在独龙江中心小学开展信息服务

如今，独龙江水依旧从高黎贡山奔流而下，"溜索改桥"结束了"溜索时代"，5G"信息高速"跨越"放炮传信"的"信息鸿沟"，AI 家庭医生进入千家万户，云上优秀教师走进偏远校区，以马春海为代表的中国移动网络建设者，用赤子之心谱写了边疆民族团结进步的数字化新篇章。中国式现代化，民生为大，归根到底就是为了让人民过上更好的日子。"公路弯弯绕雪山，汽车进来喜洋洋，党的恩情唱不完，幸福不忘共产党……"你听，独龙江畔正唱响着新时代的幸福之歌！

当前和今后一个时期是以中国式现代化全面推进强国建设、民族复兴伟业的关键时期。习近平总书记在云南考察时强调，解放思想改革创新奋发进取真抓实干，在中国式现代化进程中开创云南发展新局面，并祝福大家"生活像花儿一样美！"中国移动云南公司将始终牢记嘱托，深入贯彻落实习近平总书记考察云南重要讲话和重要指示批示精神，立足边疆，乘"数"而上，以高质量发展成果促进各民族像石榴籽一样紧紧相拥，续写民族团结誓词碑新时代故事，共同书写团结奋斗、繁荣发展的新篇章！

▲（文／图　黄晓薇）

世界屋脊生命信号的坚守者

西藏，平均海拔4000米以上，素有"世界屋脊"之称，这里人迹罕至，气候恶劣，空气含氧量只有平原地区的1/3。2011年7月，习近平同志在西藏和平解放60周年庆祝大会上指出："西藏是重要的国家安全屏障，也是重要的生态安全屏障、重要的战略资源储备基地、重要的高原特色农产品基地、重要的中华民族特色文化保护地、重要的世界旅游目的地。"[1]高度总结凸显了西藏的重要战略地位，这为加快西藏发展、维护西藏稳定提供了重要指引。中国移动西藏公司（以下简称"西藏公司"）深刻把握党的二十届三中全会精神及全面深化改革总要求，认真学习领会习近平总书记关于西藏工作的重要指示批示精神，始终坚持以人民为中心的发展思想，积极践行央企责任。近年来，涌现出一批扎根基层的守护者，逆向而行的通信保障者……他们是雪域高原上主动担当作为的先进典型，以实际行动让"为民服务"精神在雪域高原不断绽放光芒。

---

[1] 习近平：《在西藏和平解放60周年庆祝大会上的讲话》，《人民日报》2011年7月20日。

◎《世界屋脊生命信号的坚守者》作品亮相集团公司"新动力量"宣讲报告会

2021年7月，习近平总书记在西藏考察时强调，要全面贯彻新时代党的治藏方略，奋力谱写雪域高原长治久安和高质量发展新篇章。西藏公司始终秉持"人民邮电为人民"的红色通信初心，涌现出一大批像其美多吉、拉平一样扎根在基层一线的先进代表。他们始终将"全心全意为人民服务"的宗旨刻在心里，用实际行动践行"特别能吃苦、特别能战斗、特别能忍耐、特别能团结、特别能奉献"的"老西藏精神"，把"小我"融入"大我"，在雪域高原书写了绚丽的奋斗篇章。

一、默默坚守，增添为民服务新"温度"

2016年4月26日，习近平总书记在知识分子、劳动模范、青年代表座谈会上指出："广大劳动群众要立足本职岗位诚实劳动。无论从事什么劳动，都要干一行、爱一行、钻一行。……只要踏实劳动、勤勉劳动，在平凡岗位上也能干出不平凡的业绩。"①

西藏阿里地区，平均海拔4500米以上，是中国移动"最美移动人"其美多吉坚守了20年的地方。20年来，其美多吉和妻子始终坚守在雪山脚下海拔4600米的塔尔钦镇，呼吸着仅有平原地区1/3的稀薄氧气，顶着冬天零下40摄氏度的严寒，冻得红肿的双手、两颊的高原红和紫黑的嘴唇诉说着高原环境的恶劣。

上班时间，其美多吉夫妇尽力为每一位来到营业厅的客户提供贴心服务，下班后还常常逐门逐户拜访客户。客户有困难，找上门来，他们会先端上一碗热腾腾的酥油茶。晚上，其美多吉经常睡在营业厅的窗户边上。客户需要充值卡，无论多晚，只需要敲敲窗户，他就会拉开窗户把充值卡递给客户，因为他知道需要帮助那些转山的异乡客及时给家里报个平安。在塔尔钦，移动营业厅的灯总是关得最晚，当地群众亲切地把它称为"24小时夫妻营业厅"。

2009年10月8日，天空刚开始飘着小雪，其美多吉像往常一样，骑摩托车为远在45公里之外的代理商送充值卡。在返程途中，雪越下越大，整个公路被大雪覆盖，摩托车不巧出现故障。其美多吉孤身顶着风雪，辨认着模糊

◎ 其美多吉（左三）在神山脚下为当地农牧民介绍移动业务

---

① 习近平：《在知识分子、劳动模范、青年代表座谈会上的讲话》，人民出版社2016年版，第9页。

的方向，推着摩托车，用 8 个小时摸回了塔尔钦营业厅。他的妻子边巴卓玛盼来丈夫归家，什么都没说，默默为他端上热腾腾的酥油茶。

2010 年，在塔尔钦营业厅工作期间，其美多吉的妻子边巴卓玛怀孕了，普兰县分公司领导得知后，千叮万嘱让她提前打报告休假，以便安排人员顶班。其美多吉夫妻俩知道县公司人员紧张，边巴卓玛毅然决然地不顾医生和领导的叮咛，从产后第三天开始便协助其美多吉在营业厅上班。直到普兰县分公司领导看到边巴卓玛襁褓中的婴儿，方才得知孩子已降生，不得不强制"勒令"她休息。在这间方寸营业厅里，夫妻俩事业开始起步，爱情得以加深，孩子迎来降生，他们早已把这里当成了永远的家。

二、责任担当，撑起通信事业新"高度"

习近平总书记指出："一代人有一代人的长征，一代人有一代人的担当。建成社会主义现代化强国，实现中华民族伟大复兴，是一场接力跑。"[1] 海拔 5200 米，对于普通人来说，已是超高海拔，但对于拉平来说，这只是向上攀登、与生命赛跑的起点。作为中国移动"5G 上珠峰"保障团队的一员，西藏日喀则分公司网络部网络运维班长拉平和同事曾历时 47 天，在珠峰大本营到峰顶沿途的 3 处营地新建 8 个基站，将 5G 信号送上珠峰峰顶。

从海拔 5200 米的珠峰大本营，到 5800 米的过渡营地，再到 6500 米的前进营地，所走的每一步，都要克服头晕、心悸等缺氧症状，还要警惕雪崩、落石等危险。摆在拉平及其团队面前最棘手的有 3 个问

---

[1] 习近平：《在纪念五四运动 100 周年大会上的讲话》，《人民日报》2019 年 5 月 1 日。

题：运输不便、熔纤困难、电力不足。运输不便，他们找来附近40名搬运工、46头牦牛，将8吨重的通信设备和建设物资通过"牛驮人扛"的方式运上山。熔纤困难，他们将冰冷的熔接机揣到怀里，反复关机五六次，耗时3个多小时才能完成1处熔接工作。电力不足，他们就将2—3台小型发电机并联发电，确保基站和直播设备正常运行。为此，拉平同志率先垂范，在零下二三十摄氏度、氧气稀薄的极寒环境中，在海拔5800米以上的营地坚守47天。

◎ 拉平巡检维护珠峰大本营5G基站

驻守期间，由于暴风雪天气，登山队安排了多次大撤退，但拉平仅撤退过一次。他说："如果我撤离了，5800米、6500米营地的通信基站就会失去保障，一旦设备出现问题，就意味着保障任务的失败，绝不能掉链子。"那一座座拔地而起的基站，是拉平和他的团队在雪域高原冻土之上建起的通信脊梁。"5G上珠峰"的成功，为后续珠峰登山、科研考察、环保检测等提供了可靠通信保障。

三、砥砺前行，激发青春奋斗新"力度"

习近平总书记强调："人无精神则不立，国无精神则不强。唯有精神上站得住、站得稳，一个民族才能在历史洪流中屹立不倒、挺立潮头。"[1]而以其美多吉、拉平为代表的西藏移动人，始终以伟大革命精神为指引，培塑坚定理想信念、涵养深厚为民情怀。

在最美的青春时期，其美多吉和妻子一起投身高原网络建设和通信服务，铺就生命禁区通信路，成为他们人生不悔的选择。他从来不居功自傲，反而觉得这都是他应做的事情。他说："很多人看着我们的工作非常辛苦，但因为这是一件对大家很有益的事情，看着老百姓能这么方便地打电话，我们其实挺开心的，没觉着那么累。"其美多吉夫妇凭着对移动通信事业的不懈追求，用热情和毅力坚守在雪域高原，用青春和热血铸就了世界屋脊上"永不关门"的"移动最美夫妻营业厅"。

◎ 其美多吉（中）"手把手"指导农牧民群众使用互联网

如今，虽然珠峰保障任务已经结束，但是拉平依然保持着当年的奋斗姿态，始终奋战在基层一线，先后完成了2020珠峰高程测量、2023"巅峰使命"珠峰科考任务等通信保障工作。2025年1月7日9时5分，日喀则市定日县遭遇地震灾害，拉平毫不犹豫，主动请缨，加入中国移动的应急救援队伍，逆向而行，奔赴灾区。在抗震救灾第一线，拉平连续奋战数十个小时，修复受损的基站并抢通通信网

---

[1] 中共中央党史和文献研究院编：《十九大以来重要文献选编》（中），中央文献出版社2021年版，第690页。

络，其间，他几乎未曾合眼，饿了就吃几口干粮，渴了就喝一口矿泉水，全身心地投入抢修工作中。在一次次的攻坚克难行动中，他总是鼓励组员：作为移动青年，

◎ 拉平为客户安装摄像头

我们要弘扬好"缺氧不缺精神、艰苦不怕吃苦，海拔高境界要更高"的"老西藏精神"，在平凡的工作岗位上努力贡献自己的力量。

涓涓细流，汇成江海；典型精神，引领前行。西藏公司将持续深入贯彻落实党的二十届三中全会精神，完整准确全面贯彻新时代党的治藏方略，锚定"世界一流信息服务科技创新公司"定位，坚守服务初心和服务底线不动摇、坚持锻造高品质网络不动摇，在雪域高原续写移动故事新的篇章，继续凝聚"新动力量"，讲好新时代西藏移动故事，展现中国移动发挥数智优势助力边疆各族群众提升获得感、幸福感和安全感的鲜活案例和实际成效，为持续推动公司高质量发展注入强大的精神动力。

▲（文/图 何 斌）

"红柳精神"传天山

习近平总书记指出:"新疆工作在党和国家工作全局中具有特殊重要的地位,事关强国建设、民族复兴大局。"[1] 中国移动新疆公司(以下简称"新疆公司")深入学习贯彻党的二十届三中全会精神,完整准确全面贯彻新时代党的治疆方略,锚定新疆在国家全局中的"五大战略定位",主动融入自治区"十大产业集群"建设,坚持"以人民为中心的发展思想",打造新型信息基础设施领先优势,深化"宽带边疆""信号升格"等行动,在锻造"红色先锋"党建品牌中逐步形成特色鲜明的新疆移动"红柳精神"(扎根边疆、奉献边疆;艰苦奋斗、埋头苦干;践行初心、勇于担当),广大干部员工以实际行动践行"红柳精神",在天山南北绘就了一幅生机勃勃的高质量发展新画卷。

---

[1] 《习近平在听取新疆维吾尔自治区党委和政府 新疆生产建设兵团工作汇报时强调 牢牢把握新疆在国家全局中的战略定位 在中国式现代化进程中更好建设美丽新疆》,《人民日报》2023年8月27日。

◎ 举办"新动力量同筑梦　石榴花开向未来"宣讲大赛

党的二十届三中全会强调，进一步全面深化改革要以促进社会公平正义、增进人民福祉为出发点和落脚点，把"坚持以人民为中心"作为全面深化改革必须贯彻的重大原则之一。新疆，以其独特的地理位置和复杂的环境条件，成为检验数字技术应用与创新的前沿阵地。在这片占国土面积1/6的辽阔大地上，从"宽带边疆"到"信号升格"，移动通信发展不仅是技术上的突破，更是对边疆地区发展模式的深刻变革。新疆公司依托区位优势和资源禀赋，打造网络领先优势，提升重点场景的网络覆盖质量与

◎ 筑网"死亡之海"，戈壁架起"信息天桥"

应用水平，推动数字技术与实体经济的深度融合，推动信息服务惠及千家万户，携手共绘美好"疆"来。一支由"红色先锋"组成的网络铁军，积极投身网络建设工作，克服戈壁沙漠纵横、自然条件恶劣的极端困难，勘察测绘风餐露宿、搬运设备马拉人扛、施工测试顶风冒雪，打造了一张覆盖天山南北的精品网络，绘就出一幅披荆斩棘、催人奋进的战斗场景，他们是"红柳精神"的践行者，更是守护者。

一、一片沙海一座桥

习近平总书记强调，建设网络强国，要有自己的技术，有过硬的技术；要有良好的信息基础设施，形成实力雄厚的信息经济。[①] 你听说过位于塔里木盆地的世界第一大流动沙漠——塔克拉玛干大沙漠吗？你可知道，为架起这座生命禁区连接世界的"信息天桥"，移动人二十年如一日，顽强地奋斗在这片"死亡之海"。网络建设者们始终坚持以人民为中心的发展思想，克服常人无法想象的困难，迎风沙，骑骆驼，运物料，将基站矗立在了沙漠之巅。

塔克拉玛干沙漠公路轮台县至且末县路段全长 552 公里，是目前世界上在流动沙漠中修建的最长公路。2024 年 5 月，在位于塔克拉玛干沙漠公路轮台县路段开通了新疆第一个沙漠公路 700MHz 5G 超远覆盖基站，创新技术高效实现了沙漠公路超视距网络覆盖，覆盖距离提升了 45%。

新疆公司网络优化中心总经理祁江伟介绍说："700MHz 网络非常适合新疆区域地广人稀的环境和业务特点。塔克拉玛干沙漠 5G 超远覆盖基站的建设，我们克服了沙漠高温作业、沙尘天气等困难，顺利完成站

[①] 《习近平谈治国理政》第 1 卷，外文出版社 2018 年版，第 198 页。

◎ 织网"金山脚下"，牧民体验"数智生活"

点调测开通的任务。"在沙漠公路开通5G超远覆盖基站，采用了远距离覆盖参数部署及多天线联合技术，含灵活的Prach格式调整、上行增强功能研究部署，实现了30公里的超视距网络覆盖。网络技术人员进行了一系列超远覆盖业务测试，测试情况符合预期。通过此次创新，为实现新疆公路无处不在的精准导航、视频直播等业务体验需求奠定了坚实技术基础。基站开通后，让各族群众在感受沙漠风光的同时，还可以通过图片、视频的方式与亲朋好友共享所见、所闻、所感……他们通过远距离覆盖创新技术高效实现沙漠公路网络覆盖，推进新疆5G"信息公路"的快速建设。

二、一块牧场一张网

习近平总书记强调："中国共产党坚持执政为民，人民对美好生活的向往就是我们的奋斗目标。"[①] 阿尔泰山，位于阿勒泰东北部，是天山北出支脉，绵延2000余公里。民谚云："阿尔泰山七十二道沟，沟沟有黄金。"因此山蕴藏丰富的黄金，故名"金山"。几百年来，这里的哈萨克族牧民每年都要赶着牛羊在牧场进行换季转场，形成了金山脚下独特的游牧文化。新疆阿勒泰分公司聚焦富蕴县、青河县和哈巴

---

① 《习近平著作选读》第1卷，人民出版社2023年版，第221页。

河县偏远乡村的实际需求，实施打通牧区网络服务"最后一公里"的"夏牧场网络攻坚"行动，重点解决牧区手机上网问题，让牧民们感受到移动通信带来的数智化新生活。

富蕴县萨依恒布拉克夏牧场通网啦！这对于常年在这里放牧的牧民来说是件大喜事。准备从事草原旅游的牧民托列别克正在翻新自家的3间民宿毡房，每间都安装有线网络，开通了Wi-Fi，他一边干一边激动地说："可可托海萨依恒布拉克夏牧场是天堂牧场，我以前只能放牧，现在不一样了，有网了，我想把我们美丽牧场的风景照片，手工奶制品，都'晒'到网上去。我还要建更大的草原宾馆，欢迎更多的游客来到我们这里，一起感受《可可托海的牧羊人》的优美旋律。"牧民吐尔森·马尔哈旦一边喝着奶茶看着电视，一边用手机和儿子视频聊天，"放心，我再也不用漫山遍野地去找羊了，自从给咱家的牛羊装上了芯片，看着手机导航，就可以轻松定位，一个手机办好多事，这样的日子越过越幸福。"

2023年，移动网络覆盖到了哈巴河县那仁和齐巴尔夏牧场，这里是距离县城最远的一个牧场。高寒牧区，交通不便，队员们就马拉人扛搬运设备，倒排工期赶进度，只为让牧民早一天能上网，用实际行动诠释了"红柳精神"。"宽带边疆"专项行动的推进，给牧民的生产生活带来了极大便利，让远在牧区的群众也能"足不出户，便闻天下事"。村民金沙·马扎泰说："移动信号很好，以后无论我们走到哪儿，都可以及时用手机跟家人取得联系。"

三、"一带一路"总关情

习近平总书记强调："随着共建'一带一路'深入推进，新疆不

◎ 护网"中哈边境",打通"数字丝绸之路"

再是边远地带,而是一个核心区、一个枢纽地带。"全国劳动模范——新疆伊犁分公司易涛说:"在项目建设中我们一起抵沙尘、蹚冰水、爬雪山、啃干馕,最终提前交付。网络工程师们没一个喊累,更没一个叫苦,大家积极践行'红柳精神',用专业的技术和顽强的意志征服了'哈方',也展示了中国移动良好的国际形象,扎根边疆护国门,此生有幸为中华民族伟大复兴贡献力量,我非常骄傲!"

霍尔果斯,意为"驼队经过的地方",是祖国向西开放的桥头堡,更是"中欧班列"的出境要塞。2019年,易涛团队和哈萨克斯坦运营商共同建设的"中哈跨境陆缆"一期项目到了攻坚阶段,需要凭着边防证来往于边境线。为保证一次性割接成功,团队准备了至少3套应急方案,面对与哈方施工人员语言不通的困难,"网络铁军"爬冰卧雪再次冲上口岸发起了最后总攻,施工途中山路崎岖,车辆无法直接抵达施工地点,尽管4月已春暖花开,但面对口岸刺骨凛冽的寒风,大家仍需穿着厚实的棉衣,抵御寒冷徒步上山,全程人力运送工程物资。13个昼夜奋战,312小时的坚守,一天之内有时要往返边境一两次,双方目标一致,忘我奋斗,最终提前3天完成割接。

交付当天,双方队员在国门前拍了张合影,当时哈方项目经理努尔兰别克用不太标准的中文对易涛说了句:"通了,通了,中国,牛！"那一刻，作为移动人的他无比自豪。就在庆祝现场的一个不起眼的小角落，他拿出了刚刚过3岁生日的儿子照片，说了句："对不起，我的宝贝。"谁说荒原不美，谁说英雄无泪。是激动，是愧疚，我想只有移动人才能体会。

路虽远，行则将至；事虽难，做则必成。今天，"中哈跨境陆缆"五期项目已建设交付，成为霍尔果斯口岸恢复通关后中国移动第一个成功实施的跨境光缆对接项目。新疆移动的网络建设者积极投身"一带一路"沿线数字基础设施建设项目，以实干实绩促进通信设施互联互通，促成优质产品能力出海，为中国移动贯彻落实国家"走出去"战略，争当区域协调发展的"创新引擎"、"一带一路"的"履责先锋"汇聚磅礴力量，在共建"一带一路"从"大写意"到"工笔画"的时代进程中镌刻移动印记。

中国移动新疆公司深入落实集团公司"一二二五"战略实施思路，围绕全面筑牢创世界一流"力量大厦"，坚持以人民为中心的发展思想，深度融入区域发展大局，顺应产业变革的新趋势，不断培育壮大新产业、新模式、新动能，加快形成新质生产力，在打牢网络基础的同时勇担数智为民的责任使命，研发推出各民族客户喜闻乐见的特色产品，努力让新疆各族群众享受到数字经济发展的成果，携手共建新时代中国特色社会主义新疆。

▲（文/图 徐懿）

一腔热血护"网安"

党的二十届三中全会通过的《中共中央关于进一步全面深化改革、推进中国式现代化的决定》从党和国家事业发展全局的高度，进一步明确了新时代新征程推进国家安全体系和能力现代化的目标任务、重点举措，为中国移动持续做好网信安全工作进一步指明了前进方向、提供了根本遵循。中国移动网络与信息安全管理部（以下简称"网络与信息安全管理部"）深入贯彻落实党的二十大和二十届二中、三中全会精神，胸怀"国之大者"，坚持以人民为中心，坚持总体国家安全观，统筹发展和安全，全面落实网络安全工作责任制，推进安全责任全体系覆盖，安全治理全流程集中，安全科创全领域突破，安全人才全方位锻造，奋力筑牢国家网络安全屏障。

网络安全无小事，国家安全关全局。习近平总书记指出："没有网络安全就没有国家安全，就没有经济社会稳定运行，广大人民群众利益也难以得到保障。"[1] 党的二十届三中全会指出，国家安全是中国式现代化行稳致远的重要基础。中国移动坚持以人民为中心的发展思想，不断提升网络安全能力与水平，全力践行保安全、防风险、助发展责任。网络与信息安全管理部坚持以总体国家安全观为指导，聚焦国家安全、人民满意、科技创新、赋能发展、人才队伍，全心全力保障党和国家重大活动网信安全、用心用情守好人民群众"钱袋子"、聚势聚力打造网信安全国家队，为中国移动创建世界一流信息服务科技创新公司贡献力量。

◎《披荆斩棘破诈局，一心为民守安宁》作品亮相集团公司"新动力量"宣讲报告会

一、戍守一线保安全

习近平总书记深刻指出："金融、能源、电力、通信、交通等领域的关键信息基础设施是经济社会运行的神经中枢，是网络安全的重中

---

[1] 中共中央宣传部：《习近平新时代中国特色社会主义思想学习纲要（2023年版）》，学习出版社、人民出版社2023年版，第240页。

之重，也是可能遭到重点攻击的目标。"[1]习近平总书记的讲话振聋发聩、字字千钧。在层出不穷的网信安全威胁面前，网络与信息安全管理部坚持"冲在最前沿、守在最险处"，不断加强网信安全工作体系与能力建设，推动构建"全客户、全网络、全数据、全流程、全场景"的"五全"网信安全管理体系，持续提升极端风险应对能力，以做好党和国家重大活动网信安全保障工作为抓手，为保障国家安全、维护社会稳定作出应有贡献。

2024年以来，网络与信息安全管理部协同各单位圆满完成了党的二十届三中全会、中非合作论坛峰会、中华人民共和国成立75周年庆祝活动、2025年全国两会等10余次党和国家重大活动网信安全保障任务，实现了"确保万无一失"的保障目标。

◎ 网络与信息安全管理部宣讲员在国家网络安全宣传周开展宣讲

在每一次重大活动的背后，都有重保团队的默默奉献、挺膺担当，为党和国家重大活动筑牢网信安全坚实屏障，用实际行动践行"全力以赴完成重保任务，确保万无一失"的庄严承诺。7×24小时值班值守、更新迭代"口袋书"、健全"零报告"机制、积极应对处置突发事件……重保工作的机制流程一步步建立完善。统一调度全集团网络安全"云专家"，开展

---

[1] 习近平：《在网络安全和信息化工作座谈会上的讲话》，人民出版社2016年版，第17页。

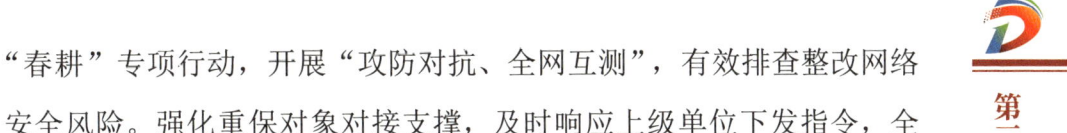

"春耕"专项行动,开展"攻防对抗、全网互测",有效排查整改网络安全风险。强化重保对象对接支撑,及时响应上级单位下发指令,全力保障关键信息基础设施安全,切实发挥国资央企托底保障的"安全支撑"作用。

二、人民信赖护平安

习近平总书记深刻指出:"无论网上还是网下,无论大屏还是小屏,都没有法外之地、舆论飞地。"[①] 要坚持正能量是总要求,管得住是硬道理,用得好是真本事。近年来,习近平总书记对打击治理电信网络诈骗犯罪多次作出重要指示批示。每一起电信网络诈骗犯罪的背后,都充满了被害人的懊悔和泪水。全力扫除电信网络诈骗等各类网络雾霾,中国移动作为基础电信运营商责无旁贷,这是关乎人民获得感、幸福感、安全感的大事。

◎ 网络与信息安全管理部青年骨干在社区开展反诈宣传

网络与信息安全管理部深耕打击治理电信网络诈骗犯罪工作,交出了一份客户受益、人民满意、社会赞誉的高分答卷。聚焦人民群众普遍诉求,用好科技创新驱动引擎,融合调度号、卡、消息、新通话、大数据、AI 技术、防诈险等资源禀赋,创新推出信息通信行业

---

① 中共中央宣传部:《习近平文化思想学习纲要》,学习出版社、人民出版社 2024 年版,第 76 页。

首款"一站式"、全场景防诈服务产品"羲和·防诈卫士"，首创"预防＋补偿"双重保障机制，实现识别预警、家人守护、兜底理赔"三必达"，构建可识别、可预警、可守护、可理赔"四道防线"。每一次守护都是对"以民为本"的有力诠释、每一次创新都是对"敢为人先"的生动实践、每一次理赔都是对"人民信赖"的坚定承诺，他们切实以"羲和·防诈卫士"为笔，用心用情用力绘就防诈新篇章。

在中国移动的反诈工作战线上，活跃着一支充满活力与智慧的力量——"羲和反诈"青创先锋工作室。一群来自不同岗位、怀揣着同样热情的青年移动人，凭借扎实的专业知识、敏锐的前瞻眼光、出色的沟通能力，筑起一道坚固的反诈防线，守护着人民群众和广大客户的财产安全。工作室采取"导师带徒＋岗位练兵"的方式加强反诈领域青年科技人才队伍培养，面对复杂多变的诈骗手段，他们从未退缩，第一时间收集案例资料，积极投身急难险重新项目研究，创新研发防诈服务产品"羲和·防诈卫士"，为近900万个人和家庭客户提供安全保障，用实际行动诠释着新时代青年的责任与担当。

三、安全人才促发展

习近平总书记深刻指出："网络空间的竞争，归根结底是人才竞争。建设网络强国，没有一支优秀的人才队伍，没有人才创造力迸发、活力涌流，是难以成功的。念好了人才经，才能事半功倍。"[①] 中国移动践行聚天下英才而用之的要求，深化打造"人才雁阵"，为高质量可持续发展提供有力人才支撑。网络与信息安全管理部着力建设忠诚

---

① 习近平：《在网络安全和信息化工作座谈会上的讲话》，人民出版社2016年版，第23页。

干净担当的网信工作队伍，推动公司网信事业蓬勃发展。

为贯彻"人才是第一资源"的理念，网络与信息安全管理部会同各单位，在集团公司的指导与支持下，坚持"工作体系化、培育实战化、赋能融合化、激励多元化"，纵深推进网信安全人才队伍建设，取得了四个"率先"的工作成效：率先建立人才子体系、率先开展全网人才认证、率先发布人才库、率先打造网安智库，切实打造了一支能够引领行业变革、攻克技术难题、服务社会大众的网信安全精锐之师，为公司网信安全工作高质量发展注入了源源不断的动力。

网络与信息安全管理部对照"讲政治、懂网络、敢担当、善创新"的重要标准，着眼"量、质、构、效"深化推动网信安全人才工作落地，筑牢中国移动网信安全"人才基石"。在"数量"上，深化推动网信安全人才认证，全网认证人数已超 11510 人，网信安全人才库入

◎ 网络与信息安全管理部业务骨干担任"中国移动 赋能建功"网络安全系列技能竞赛裁判

库 2264 人。在"质量"上，紧密结合车联网、算力网络、AI+反诈、大模型等重点业务场景，2024 年组织开展 20 期"网络信息安全领域卓越工程师能力提升系列研讨"，有效提升安全人才业务能力。在"结构"上，构建覆盖 6 个专业领域、7 个能力层级的网信安全人才体系，全条线 24 人获评"国家网络安全高端人才"，针对性引进高层次高潜能安全人才，引进"金种子""拔尖人才"共计 40 余人。在"成效"上，持续提升网信安全工作整体水平，工作成效连续 11 年保持行业领先。

追风赶月莫停留，平芜尽处是春山。面向未来，网络与信息安全管理部将持续以习近平新时代中国特色社会主义思想为指引，深入贯彻习近平总书记关于网络强国的重要论述，全面落实党的二十大和二十届二中、三中全会精神，立足中国移动网信安全"第一责任主体"定位，坚持统筹发展和安全，勇担建设"世界一流网信安全国家队"使命任务，助力公司全力向更高层次的世界一流信息服务科技创新公司迈进。

▲（文／图　王婧媛　郑紫宣）

匠心暖人心，平凡写非凡

习近平总书记指出："中国式现代化，民生为大。党和政府的一切工作，都是为了老百姓过上更加幸福的生活。"[1] 中国移动铁通公司（以下简称"铁通公司"）积极扛起国企责任担当，坚定践行"人民邮电为人民"的初心和使命，聚焦集团公司党组"以精品网络、优质服务、创新产品满足客户美好数智生活需要"要求，大力弘扬劳模精神、劳动精神、工匠精神，践行"匠心为民"，坚持典型引路，立足"新两者"定位，充分发挥资源禀赋优势，全力推动智慧家庭工程师"铁军计划"攻坚行动走深走实，树立智慧感、温暖感、安全感的"移动爱家"品牌形象，奋力书写全心全意为人民服务的暖心答卷。

---

[1]《习近平在重庆考察时强调　进一步全面深化改革开放　不断谱写中国式现代化重庆篇章》，《人民日报》2024年4月25日。

新动力量创一流·中国移动基层宣讲优秀报告集

◎《始终如一的潜心铸"匠"》作品亮相集团公司"新动力量"宣讲报告会

党的二十届三中全会把"坚持以人民为中心"作为进一步全面深化改革必须贯彻的重大原则之一。在工作岗位上，一大批中国移动人坚持把"初心和使命"书写在平凡的岗位上，在平凡中铸就了不凡。在铁通公司河南新乡分公司，有一位家喻户晓的老师傅，无论是同事还是用户，都亲切地称呼他为"老马"。从业36年来，"老马"斗严寒、战酷暑，走街串巷、摆摊营销，扎根一线班组，一路奋斗、一路成长、一路收获，以实际行动把更多惠民生、暖民心的举措落实到工作中，全心全意把服务人民的事情做到最好。他就是党的二十大代表、中央企业劳动模范——马兴新。

一、勇担当，在扎根一线中成长

习近平总书记指出，要"勇于到艰苦环境和基层一线去担苦、

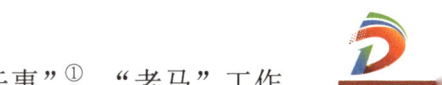

担难、担重、担险，老老实实做人，踏踏实实干事"[1]。"老马"工作的第一个十年，就是在基层铁路通信工岗位上，担苦、担难、担重、担险度过的，这是属于他的青年时代。

1993年7月，北京开往成都的列车行驶到京广线新乡南场至七里营间，与正在前行的货物列车发生追尾，造成安全事故。当天凌晨3点，正在工区值班的马兴新被一阵急促的电话铃声惊醒，要求立

◎ 马兴新（年轻时期）不怕困苦带头下井进行网络抢修

即赶往事故发生地，开通应急抢险电话。接到任务后，马兴新没有犹豫，立即和同事们奔赴现场，争分夺秒在7米多高的电线杆上作业。因刚刚下过暴雨，电线杆四周形成了环形的水塘。面对重重困难，马兴新深知通信线路必须立即抢通，他背起工具，第一个跳进水中游了过去，用最短的时间开通了事故抢险指挥部电话。同时，为了进一步减少国家财产损失，马兴新和同事们白天顶着高温，夜里忍受蚊虫叮咬，一直坚守到7月11日晚上7时许，40个小时的不眠不休换来了通信抢险任务的圆满完成。

从踏入通信行业的第一天起，马兴新就兢兢业业地奋斗在基层一线，在铁路生涯如此，在铁通公司亦是如此。不知道从什么时候开始，"有问题就找老马"成为他做人、做事的一张名片。同事带着难

---

[1] 习近平：《在庆祝中国共产主义青年团成立100周年大会上的讲话》，《人民日报》2022年5月11日。

◎ 马兴新带领工友们在急难险重任务中冲锋在前、挺膺担当

题找到"老马",他都会毫不犹豫、全心全意地帮忙解决。马兴新先后靠自学取得了高职文凭、成人大专学历和铁路高级电信机务员认证。日积月累的技能和知识沉淀,让"老马"积攒了丰富的岗位经验,成为工作上的行家里手。1997年9月29日,他光荣地加入了中国共产党。从业数十载,马兴新见证了我国通信业的跨越式发展,工作岗位也经历了从铁路通信工到铁通电信业务员,再到移动公司员工的转变,但始终不变的是通信人服务社会、服务百姓的执着与坚守。2014年1月的一个夜晚,寒风凛冽,砭人肌骨,正在休息的马兴新接到同事打来的电话,辖区内牧北小区的12芯光缆衰耗严重,原因不明且故障点无法准确定位。马兴新二话不说匆匆出门,一边询问故障情况,一边判断故障位置。凭借丰富的经验,他仅用了两个小时就将网络恢复正常。

二、打头阵,在冲锋在前中磨砺

习近平总书记指出:"关键时刻冲得上去、危难关头豁得出来,才是真正的共产党人。"[①] 作为一名老党员,无论是在疫情防控,还是在应急抢险,只要是在大战大考中,马兴新都用实际行动扛起党员责

---

① 中共中央党史和文献研究院编:《习近平关于防范风险挑战、应对突发事件论述摘编》,中央文献出版社2020年版,第248页。

任，当好通信网络的"守护者"。

2020年，新冠疫情来袭，大年初二傍晚，中心班组接到一位外地客户打来的电话，因疫情挂念家中父母的安危，想打视频电话但怎么都连接不上，连忙询问能否到家中帮忙调试。在得知客户父母所在向阳新村小区因疫情已经封控后，马兴新主动请命，做好"全副武装"进入小区内、客户家中，手把手教老人如何使用手机视频连线，如何使用家中的互联网电视，看着老人一家人视频后那幸福的瞬间，他的自豪感溢于言表。马兴新常说，作为一名移动人，要加强主动服务，坚持主动关怀，常态化开展"宽带义诊"，扎实做好"银发服务"，助力老年群体跨越"数字鸿沟"，让广大人民群众充分体验到通信网络发展带来的便利。

2021年7月，新乡突遭特大暴雨侵袭，城市一片汪洋，管辖内80%的通信机房、设备处于断电瘫网状态，许多设备处在被水淹的危

◎ 马兴新开展"送课到基层"活动，深入网格班组宣讲党的创新理论

险境地。马兴新再次挺身而出，冒着滂沱大雨，在齐腰深的洪水中走了3个小时，绕道赶到公司，带领8名工友手挽手，用最快的速度赶到机房抢险，守住移动机房通信设备，保障通信网络畅通。随后他和抢险队员们克服种种困难，连续奋战一个星期，累计抢修90处家庭宽带和集团客户的中断光缆、6个损毁光交箱、14个停电机房，保证了设备的正常运行和业务的正常开展。洪涝灾害期间，为了支援受灾严重的县区，马兴新作为党员突击队队长，顾不上疲惫的身体，再次请战到受灾最严重的卫辉市参加灾后重建工作。他每天清晨出发摸排各村庄，深夜一身渍水回到临时驻点，铺上瑜伽垫便就地休息，渴了就喝一口随身携带的矿泉水，饿了就啃一袋干吃面，但是无论遇到任何急难险重的工作，"老马"总是冲在最前面。整整两个多月，他没有休息过一天，带领抢险队员们累计修复中断光缆25处，处理各类宽带故障1035个，受到了客户和老百姓的一致好评。

三、践初心，在示范引领中作为

习近平总书记指出，"紧密联系广大干部群众思想实际和工作实际开展宣讲，让人民群众听得懂、能领会、可落实"[1]。2022年10月，作为一名基层一线代表，在人民大会堂现场聆听习近平总书记重要讲话精神后，马兴新对这句话有了更深层次的理解和认识。

从北京回到公司后，马兴新带着满满的收获，在做好本职工作的同时，他还作为铁通公司"新动力量·匠心为民"宣讲团的核心骨干，通过线上线下、座谈研讨、青年联动，结合岗位实际谈心得、

---

[1]《中共中央政治局召开会议　研究部署学习宣传贯彻党的二十大精神》，《人民日报》2022年10月26日。

说体会、讲感受。他的宣讲足迹覆盖全省20家单位的989个基层网格，听众达2万余人次，以实际行动推动党的创新理论进基层、到一线。

在新乡县支撑服务中心，"老马"一边组织好班组的营销工作，一边利用晨会、交班会、全体装维大会等契机，向工友们讲述国家的十年巨变和未来发展蓝图。为了能让宣讲真正地走进大家内心，他便利用"三四五"工作法与员工开展"零距离"面对面交流，了解基层一线员工所思所需所盼，以拉家常的形式，将党的创新理论细化为一个个短、小、实的"微话题"，将高质量发展、乡村振兴等内容与公司正在开展的数字乡村、项目拓展等工作结合起来进行解读，并就大家关心关切的个人成长与企业发展的关系展开讨论，以"共情"达到"共鸣"。

同时，在河南这片充满红色记忆的土地上，马兴新用好用活属地鲜活的历史教材，通过"移动云视频直播""红色云集"等平台，将宣讲搬上"云端"，在红旗渠、焦裕禄纪念馆、鄂豫皖革命纪念馆、愚公移山红色教育基地等4个红色精神发源地，与铁通公司干部员工连线交流，结合红色中原故事，讲述从中央苏区的"半部电台"到"5G融百业、入千行"的红色通信发展历程，赓续红色血脉，传承奋斗精神，用红色资源推动党的二十大精神走深走实，让宣讲更具"时代感"，也增添了一抹厚重的"中原红"。

老骥伏枥，志在千里。把平凡工作做好就是不平凡，马兴新是千千万万个奋斗在一线、成长在基层的移动人的生动缩影。马兴新常说，一线虽苦，但总要有人去做，我愿意坚守一辈子，把最优的服务留在基层。他是这样说的，也是这样做的。他坚持用坚守、奉献、奋斗，践行着一名优秀共产党员的责任与担当！

　　"家事国事天下事，让人民过上幸福生活是头等大事"，习近平总书记二〇二五年新年贺词，让人倍感温暖、深受鼓舞。中国移动铁通公司将坚定践行以人民为中心的发展思想，立足"新两者"定位，全面落实移动爱家"五新"战略，践行"三心"服务承诺，着力打造"素质高、形象好、技能全"的智慧家庭工程师队伍，助力"移动爱家"品牌服务升级、传播升级，为集团公司全面建设世界一流信息服务科技创新公司贡献铁通力量！

▲（文/图　张翔宇）

第四篇

改革发展创一流

发展出题目，改革做文章。党的二十届三中全会强调，中国式现代化是在改革开放中不断推进的，也必将在改革开放中开辟广阔前景。中国移动坚持向改革要动力，向创新要活力，大胆地试、勇敢地闯，奋力写好高质量发展新答卷。本篇章汇聚中国移动关于改革发展方面的优秀作品，展现中国移动破藩篱、优机制，以改革强发展之基、谋发展之策的生动实践；彰显管战建协同、内外部联动，以合作共赢吹响数智化号角，赋能百业升级、润泽发展生态的典型特色；描绘中国移动人奋力拼搏、攻坚克难，为公司转型发展贡献青春智慧和力量的奋斗图景。

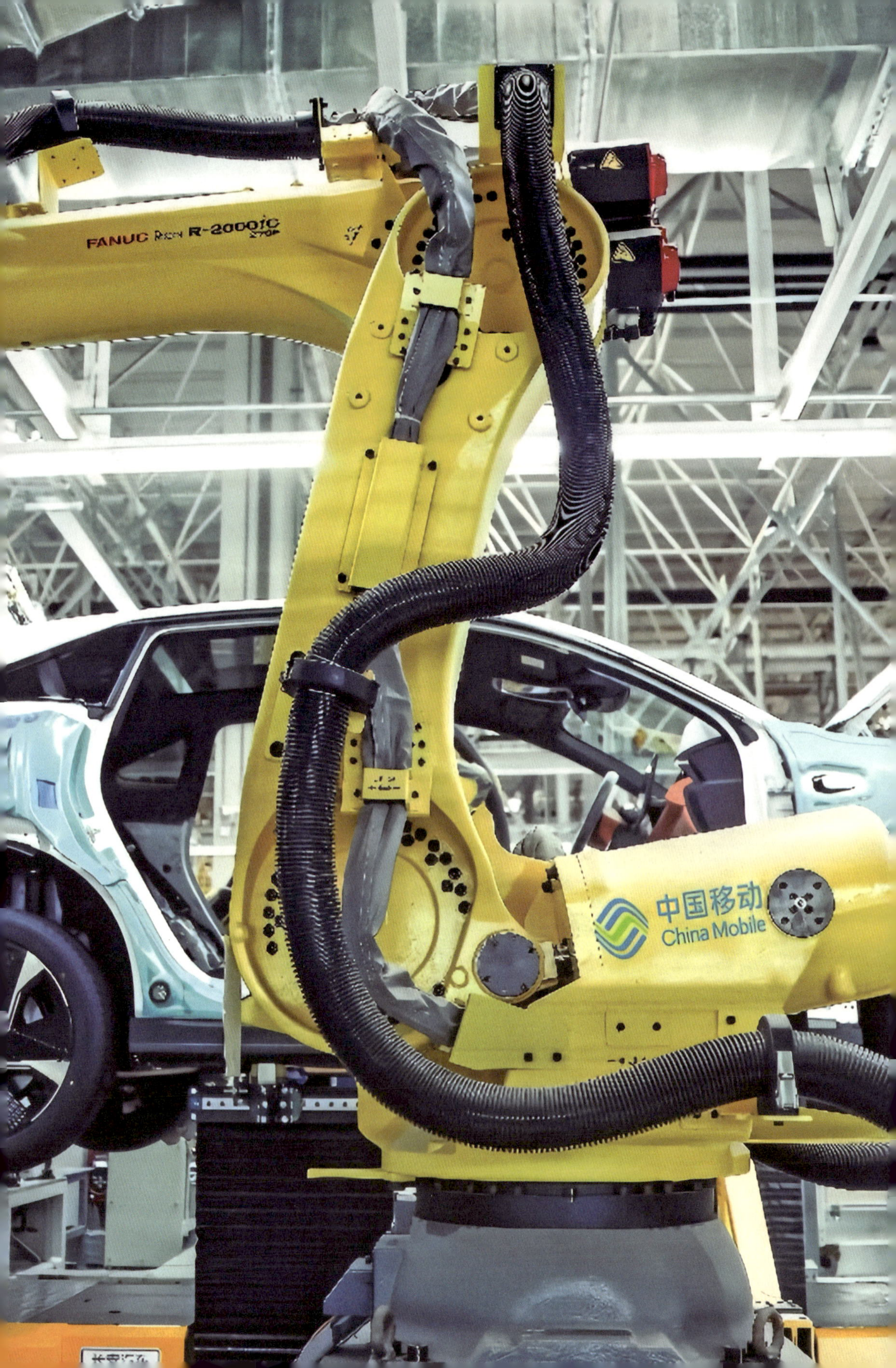
FANUC
R-2000iC
中国移动
China Mobile

吹响数智化号角，赋能新山东建设

山东是我国著名的经济大省、人口大省、文化大省。在向海图强、对外开放、引领北方、牵头黄河流域高质量发展等一系列国家战略棋局中，山东都是集多重身份、多项责任于一身的支柱省份。2024年5月，习近平总书记来到山东，勉励山东要在全国发展大局中定好位、挑大梁[1]，给予了这片土地殷殷期望。中国移动山东公司（以下简称"山东公司"）贯彻落实习近平总书记重要指示批示精神，加速提升创新能力，积极培育新质生产力，促进数实深度融合，以信息化技术推动农业、工业、海洋等各行业改革发展，在服务中国式现代化建设山东实践中贡献了移动力量。

党的二十届三中全会正式吹响了进一步全面深化改革、推进中国式现代化的号角。习近平总书记强调，要奋力谱写中国式现代化山东

---

[1]《习近平在山东考察时强调　以进一步全面深化改革为动力　奋力谱写中国式现代化山东篇章》，《人民日报》2024年5月25日。

篇章[①]。山东公司认真履行央企责任，积极服务新旧动能转换和黄河重大国家战略发展机遇，通过打造"三个高质量发展样板"，为新时代社会主义现代化强省建设注入新活力、增添新动能。

◎《吹响数智化号角，赋能新山东建设》作品亮相集团公司"新动力量"宣讲报告会

一、数兴农业，智惠乡村

习近平总书记强调，"要给农业插上科技的翅膀"[②]。山东自古就有"齐鲁粮仓"的美誉，如今，随着科技的飞速发展，这片富饶之地正悄然经历着一场农业变革，带来了前所未有的丰收与希望。

山东寿光是我国著名的蔬菜生产基地之一，被誉为"中国蔬菜之

---

① 《习近平在山东考察时强调 以进一步全面深化改革为动力 奋力谱写中国式现代化山东篇章》，《人民日报》2024年5月25日。

② 中共中央文献研究室编：《习近平关于科技创新论述摘编》，中央文献出版社2016年版，第93页。

乡"，年产量10亿公斤，农产品及其加工产品远销海外。在寿光数字大棚里，一块大大的数字显示屏格外引人注目，就像一个小型"气象站"，这正是中国移动智慧农业平台。通过数字大屏、物联网传感器、云平台互联监测，实现了自动灌溉、自动卷帘、自动放风、自动打药等智能化控制。2023年以来，山东公司利用公有云计算服务，将寿光30多年来积累的蔬菜种植经验进行数据分析，形成标准，并向全省复制推广，带动蔬菜整体产能提升40%以上，单亩增收2万元以上。

沾化冬枣是中国国家地理标志产品，被誉为"中华奇果"，山东公司立足当地特色产业优势，打造智慧大棚管理平台。党员先锋深入田间地头，安装小型气象站和土壤墒情、虫情测报等传感设备，通过大数据、区块链等技术，进行种植环境自动感知、农机设备远程控制等智能化管理，实现11个示范区全流程可视化管理，冬枣亩产量提升50%。水肥一体化、绿色防控、物联网追溯等系列智慧解决方案的上线，助力山东农业走出"智"富路。

曾经，"面朝黄土背朝天"的农耕画面延续了几千年，而今，这幅画面已渐渐定格在古卷之中。智慧科技改变传统农业，党的二十届三中全会的召开为实现农业农村现代化指明了前进方向。山东公司利用信息化技术，推动农民增产增收，"数智增产粮仓盈"画卷缓缓展开，让农民挑起了"金扁担"，守住了国

◎ 工作人员调试智慧大棚设备

家农业现代化的"压舱石"。

二、数智服务，赋强工业

◎ 海尔 5G-A 无源物联样板工厂

信息化成为农业现代化的先导力量，也为工业经济插上了腾飞的翅膀。党的二十大报告指出，要"坚持把发展经济的着力点放在实体经济上，推进新型工业化"。作为全国唯一拥有全部 41 个工业大类的省份，山东以新质生产力助力传统工业焕发科技之光和创新活力。

海尔集团是山东实体经济的代表，山东公司联合海尔打造了全球首个"5G+智能制造"全连接互联工厂，落地应用场景 20 余项，实现了智能制造全域全生命周期管理。每天有超过 9000 台洗衣机从这里下线发往千家万户，工厂整体生产效率提高 36%。从搭建全球首个"智能+5G"互联工厂，到打造全球首个"5G+智能制造"全链接工业园区，再到建成全球首个 PIoT 样板工厂，并获 2024 世界移动通信大会 GTI Awards "创新移动业务与应用奖"，山东公司不断开拓 5G 与工业互联网的融合创新应用，为传统工业的转型升级提供了新的实现路径。

化工是我国国民经济发展的支柱性产业。临沭经济开发区 5G 智慧化工园区项目是中国移动投资建设的全国首批"边缘云网一体化"集成试点，"边缘云网一体化"方案有效实现 MEC 下沉、去工程化、"一站式"

快速交付，提供绿色、安全、高效的边缘数据中心。项目中，"5G+专网"覆盖园区14.9平方公里近190家企业，通过"数字孪生、三维建模"技术建设一张图监管系统，实现数据不出园区，保证数据安全、实时、可靠，有效解决安全生产和污染防治难题。5G智慧化工园区的建成落地，为当地承接长三角地区产业转移打造了良好营商环境。

党的二十届三中全会指出，要加快推进新型工业化，培育壮大先进制造业集群。曾几何时，我们用8亿衬衫换1架大飞机，如今，第四次工业革命浪潮滚滚而来，以中国移动5G为代表的新一代信息技术已融入工业生产，有效驱动传统工业数字化转型升级，"中国智造"逐渐成为领跑者，我们意气风发、昂首阔步走进新的时代。

三、逐梦深蓝，向海图强

党的二十大报告指出，要发展海洋经济，保护海洋生态环境，加快建设海洋强国。山东拥有丰富的海洋资源，在全面深化改革、打造现代海洋经济发展高地中，"5G+工业互联网"扬帆入海，成为开启"蓝色"经济赛道的新钥匙。

沧海深处可耕田，宛如宝石项链般镶嵌在蔚蓝大海中的"耕海1号"，是山东公司助力烟台市政府打造的全国首座智能化大型现代生态海洋牧场。通过5G水下摄像、VR

◎"耕海1号"海洋牧场

全景视频等先进技术，实现了养殖全过程数据分析、精准投喂饵料等功能，山东公司以科技创新助力海洋渔业转型升级，将广阔海域变成"蓝色粮仓"。在威海，山东公司利用"5G+高通量卫星"的融合网络技术，打造"空天海一体化"的远洋渔船通信网络，使渔民出海时也可随时随地进行上网娱乐和直播带货等活动，既丰富了渔民海上生活，又为渔民提供了多元化的增收方式。同时，渔船监控、应急通信、精准气象预警等功能，为渔民生产提供安全保障。

港口是"一带一路"的关键枢纽，中国各大口岸货船往来穿梭，到处是一片繁忙作业的景象。在山东港，满载货物的巨轮缓缓停靠在无人值守的码头，重达数十吨的集装箱被轻巧抓起、精准堆码。在山东公司"5G+信息化方案"支撑下，山东港口建成亚洲第一个全自动化5G码头，改变了以往码头工人需爬到塔吊上操作移动集装箱的艰苦工作条件，实现了工人在中控室就能完成装卸货操作，大大提高了作业效率。该自动化码头连续10次创造世界纪录，为世界自动化码头建设提供了"中国方案"。

海洋强省，是一场奔赴"星辰大海"的"远征"。山东公司扎实推进5G向海发展进程，不断加快技术创新，充分发挥5G、云计算、大数据、AI等技术优势，助力打造具有先进水平的海洋科技创新高地，全力激活蓝色引擎，促进海洋领域新质生产力加速形成，推动海洋强省战略走向纵深，全力开创经略海洋新局面。

时不我待，未来已来。数字之光让齐鲁大地激荡起新质生产力的澎湃浪潮。山东公司将以数智服务新优势，点燃高质量发展的"新引擎"，为谱写中国式现代化山东篇章贡献移动力量！

乘"数"而上，"智"绘未来。数字新山东的崛起为山东公司发展提供了"新领域、新赛道",而山东公司正以数智引领新优势助力齐鲁大地跑出加"数"度。在集团公司创世界一流"力量大厦"发展战略的引领下,山东公司将勇担科技强国、网络强国、数字中国主力军职责使命,坚持稳中求进、守正创新,为加快推动集团公司高质量发展贡献更大力量。

▲(文/图 马 锐 薛 源)

打好"翻身仗",绘就新"京彩"

作为全国政治中心、文化中心、国际交往中心、科技创新中心,北京肩负着重要的责任和使命。中国移动北京公司(以下简称"北京公司")以大红门网格在发展中遇到困难、解决困难、推动员工面貌及业绩显著改善的生动案例为故事剪影,生动描绘新时代新征程上,移动人团结一心、迎难而上、稳中求进、守正创新、砥砺奋进的动人画卷,真情讲述移动人贯彻落实党的二十大精神,在奋勇拼搏的路上勇于挑最重的担子、啃最硬的骨头、接最烫的山芋,突破一个个挑战,绘就一片片"京彩"的奋斗故事,展现北移人坚定信心、开拓进取,奋力谱写公司高质量可持续发展新篇章的故事。

习近平总书记高度重视北京发展,党的十八大以来多次视察北京并发表重要讲话,为推动新时代首都发展指明了前进方向、提供了根本遵循。作为地处北京的央企,北京公司坚持以习近平新时代中国特色社会主义思想为指导，深入贯彻落实党的二十大精神，全面落实集团公司创世界一流"力量大厦"战略部署，秉承"首都意识、首善标准、首创精神"，在遍布荆棘的发展之路上奋勇拼搏，推动2023年收入份额提前一年重回区域市场领先地位。

这份"市场领先"来之不易，是无数个"小胜"积成的"大胜"，是无数个"小我"成就的"大我"。北京公司大红门网格用服务客户的诚心、扎实做事的信心、换位思考的真心打了一场"京彩"的"翻身仗"。

◎《打好"翻身仗"，绘就新"京彩"》作品亮相集团公司"新动力量"宣讲报告会

一、不畏难、我来干——大红门网格直面困境的锐意进取

大红门网格位于北京市丰台区，地处北京非首都功能疏解重点区域，具有城乡接合部、人流集散中心、重大社区等地域特点。身为党

建指导员的王黔杰在介绍网格时说道："大红门网格是外来人口高度聚集地，时常发生电信诈骗事件，网格在产品推广和业务发展的过程中困难重重。部分员工因此存在畏难情绪，积极性不高。"身为党建指导员的王黔杰深知，要实现破局，首先要帮助大家打起精气神，就像习近平总书记所强调的，"抓住一切有利时机，利用一切有利条件，看准了就抓紧干，能多干就多干一些，努力以自身工作的确定性应对形势变化的不确定性"[①]。王黔杰提出大力开展反诈志愿服务活动，积极配合属地派出所开展联防联控反诈宣传工作，向百姓普及防诈知识，讲解防骗方法，增强民众防范意识。

王黔杰说："作为首都央企的一员，作为大红门网格的网格长，我有义务也有责任带领大家立足'首都意识、首善标准、首创精神'，当好平安北京的'守门员'、做好数字北京的'筑路人'、成为为民服务的'贴心人'。"网格长王黔杰简短的话语中，深刻体现了移动人践行党的二十大精神的实际行动。党的二十大报告提出"必须坚持人民至上"，这也是大红门网格、北京公司要开展反诈宣传服务活动的初心和信念。

◎ 大红门网格开展"警企联动　全民反诈"活动

在春风化雨的思想引导下，网格同事们慢慢认识到反诈服务、适老服务等"京心"志愿服务也是打破业绩低迷这一困境的好方法。网

[①]《中央经济工作会议在北京举行》，《人民日报》2023年12月13日。

格成员振奋精神、团结一致，主动扛起了反诈的大旗，将志愿服务活动融入日常、化作经常。如今，移动已成为属地用户可信赖的"家人"，正如王黔杰所言："当我们把群众装在心里，群众就会把移动装进生活里。"

随着网格成员信心大振，王黔杰趁热打铁，充分发挥好思想政治工作"传家宝"作用，积极运用"三必知、四必谈、五必访"思想政治工作法，"面、线、点"全面掌握员工思想动态，用心听、聚睛看、走心聊，跟员工"掏心窝"、谈变化、聊转型，及时了解员工所需、解决员工所急，让网格成员时刻感受到被关注、有依靠。整个网格从最初的"我来干、试试看"变成了"一起干、肯定行"，实现从被动尝试到主动担当的转变，网格氛围焕然一新。

◎ 大红门网格党建指导员开展谈心谈话

二、一起干、肯定行——北京公司上下齐心的协同运营

习近平总书记提出"要坚持稳中求进、以进促稳、先立后破"[①]，北京公司上下以习近平新时代中国特色社会主义思想为指导，全面落实集团公司创世界一流"力量大厦"战略部署，团结一心，奋勇拼搏，切实履行央企政治责任、经济责任、社会责任，坚持高目标牵引、高

---

① 《中央经济工作会议在北京举行》，《人民日报》2023 年 12 月 13 日。

效益运营、高效率协同，在细与实上狠下功夫，用"小切口"解民忧，用"大实惠"暖民心，对制约发展的重难点问题厘清"怎么看"、知道"怎么办"、明确"怎么干"，激发各级干部员工完成目标的内驱力，进一步提升队伍的配置效能。

"一起干、肯定行"，不只有大红门网格在这场"翻身仗"中的挺膺担当，更有北京公司上下齐心的协同运营。北京公司深入开展学习贯彻习近平新时代中国特色社会主义思想主题教育，坚持大力弘扬"四下基层"优良传统，学习运用"四下基层"工作方法，把"四下基层"作为重要抓手，坚持在学思想中铸忠诚，在强党性中显风骨，在重实践中补短板，在建新功中见成效。基于现有平台打造以客户为中心强力支撑一线的敏捷、高效协同运营体系，驱动现代企业治理和生产经营变革，通过平台、流程、机制、组织建设，营造全员建言献策氛围，以解决好客户和一线问题为切入点，从"纸面"到"直面"了解困难，从"走近"到"走进"解决问题，从"你来"到"我往"

◎ 北京公司多措并举，持续为一线赋能

提质增效。结合市场需求，面向客户，强化"问、查、推、录"，打造更高品质的产品、推出更加优质的套餐、提供更加用心的服务；激发内部活力，面向员工，加强"支持、支撑、支招"，狠抓内部运营变革的"大工程"，不断改进制度流程、系统支撑、服务管理，优化激励方案、开展专项劳动竞赛等，多维度为一线员工赋能，更有力地驱动公司运营水平提升和高质量发展。

三、携手行、共创赢——大红门网格并肩作战的转型突破

在北京公司党委的领导下、全体员工的齐心协力下，北京公司生产经营有序开展，发展态势稳中有进。经营业绩赢得"新增长"，运营提质取得"新突破"，网络能力实现"新跃升"，基础管理抓出"新实效"，冲锋在前凸显"新担当"，担责尽责展现"新作为"，党建引领呈现"新气象"，正风肃纪取得"新成效"。如今的大红门网格上下齐心，精神昂扬，业绩有了"新跃升"，发展有了"新面貌"。无论是日以继夜地为客户解决问题，还是每一句亲切的"您好，中国移动，有什么可以帮您"；无论是走进客户家中提供装维服务，还是在营业厅为客户提供业务帮助；无论是每一次开展的爱心助老活动、社区反诈宣传及宽带义诊、创城助力等"京心"志愿服务活动，还是每一次成功的商机拓展，都是大红门网格在打好"翻身仗"路上的一幕幕剪影。

相较于 2023 年 1 月，大红门网格上下全体人员理想信念更加坚定、队伍精神状态越发饱满、业务服务品质持续提升，人效产能翻了好几倍，单月迎回量、渠道规模大幅提升，市场侧、政企侧、服务侧都有了"新实效"，大红门网格真真实实地打了一个"京彩"的

"翻身仗"。这不仅是大红门网格业绩的突破，更是大红门网格全体成员智慧与汗水的结晶，是北京公司发展历程中打赢"翻身仗"的缩影。

"度宏规之翼以展博大，紫禁巍巍；历八百载之景觇骈臻，傲然寰宇"，北京深厚的历史文化、独特的地理位置，让北京公司作为地处首都的央企感受到了不一样的、沉甸甸的责任与担当。新时代新征程，北京公司将坚持以习近平新时代中国特色社会主义思想为指导，全面贯彻落实党的二十大和二十届二中、三中全会精神，牢牢把握首都城市战略定位，持续坚持首都意识走在前、首善标准亮窗口、首创精神立标杆，全面落实集团公司"一二二五"战略实施思路，坚持"精"字为先，"拼"字当头，勇于挑最重的担子、啃最硬的骨头、接最烫的山芋，坚定做执行者、行动派、实干家，坚定信心、开拓进取，激发新质生产力与高质量发展新动能，奋力谱写公司高质量可持续发展新篇章。

▲（文/图　周　蓉　张晓涵）

一声惊雷，一路探索

1978年，安徽省凤阳县小岗村村民在一份"秘密契约"上捺下红手印，签订了大包干"生死状"，率先包产到户，让小岗村尝到了久违的丰收味道，更开启了中国农村改革的时代大幕。2016年4月25日，在小岗村"当年农家"院落，习近平总书记俯身查看当年18户村民捺下红手印的大包干契约。重温这"中国改革的一声惊雷"，他以"雄关漫道真如铁，而今迈步从头越"的词句，表达"续写新的篇章"的信心[1]。中国移动安徽公司（以下简称"安徽公司"）积极推动网格运营改革，以政企领域BU制改革创新助力锻造新质生产力，以产学研深度融合促进科技创新，取得了显著成效。

---

[1]《小岗村：开启农村改革大幕》，《人民日报》2018年10月15日。

◎《一声惊雷，一路探索》作品亮相集团公司"新动力量"宣讲报告会

    1978 年一个寒冷的冬夜，在凤阳县小岗村的一间茅草屋内，18 户农民在大包干"生死状"上捺下红手印，拉开了中国农村改革波澜壮阔的大幕。在小岗农民捺红手印的那个冬天，1978 年 12 月 18 日，党的十一届三中全会在北京召开，这次会议作出了把党和国家工作重心转移到经济建设上来、实行改革开放的历史性决策，中国特色社会主义大道从此开启。2016 年 4 月 25 日，习近平总书记来到小岗村考察时，了解村民签订大包干契约的情景，他感慨道："当年贴着身家性命干的事，变成中国改革的一声惊雷，成为中国改革的一个标志。"[①]

    党的二十届三中全会吹响了以进一步全面深化改革开辟中国式现代化广阔前景的时代号角。安徽公司按照集团公司部署要求，认真贯

[①]《习近平考察小岗村　重温中国改革历程》，新华网 2016 年 4 月 25 日。

彻落实全会精神，着力写好改革的立题、破题、解题文章。

一、春雷起处——发力网格改革

关于改革，习近平总书记指出，要坚持摸着石头过河和加强顶层设计相结合[①]。安徽公司聚焦网格发展目标，以改革为先导、向改革要动力，从划好网格责任田、选优配强责任人、理顺健全责任制入手，不断调优网格考核机制、产品管理机制、调度支撑机制。在加强网格化运营改革顶层设计的同时，注重发挥基层主观能动性，推动网格提质增效。

在改革精神薪火相传的小岗，小岗网格针对所辖渠道位置分散，相隔较远，渠道能力弱、转型慢等问题，探索设计了渠道"门诊"制度。网格给渠道挨个"把脉、开方"，根据渠

◎ 凤阳县小岗网格实施"渠道门诊"制度

道定位和特点，进行资源的定制化匹配，网格经理上门做给渠道看、带着渠道干，通过优化资源配置来调动渠道积极性。2024年，通过"门诊"制度已帮助渠道解决实际问题90多个。小岗网格在中国移动举办的"稳增长、建新功"劳动竞赛中荣获"先锋网格"，在滁州市

---

① 习近平：《在深圳经济特区建立40周年庆祝大会上的讲话》，《人民日报》2020年10月15日。

分公司组织的网格周赛中多次获奖获旗,是表现最好的网格,"两节"营销受表彰渠道全县最多,"门诊"经验也逐步向其他网格推广应用。依靠改革,网格团结起了更多更强的力量,齐心协力推动发展。

小岗网格只是网格化运营改革这场大潮中的一个缩影,他们的努力让村民们的生活方式也悄然发生了变化。小岗村是安徽省第一个开通 4G、5G 的行政村,10 多家企业使用中国移动的产品和业务。当年捺下红手印的村民们,很多都办起了农家乐,移动宽带为他们提供了"触网"的便利。习近平总书记考察小岗时,了解他们开办农家乐和小超市的状况,得知游客很多,还高兴地说:"好!农家乐,乐农家。"[①]

二、春雨润物——助力先进制造

习近平总书记强调,"做大做强先进制造业,积极推进新型工业化"[②]。安徽公司建立了具有安徽特色的"垂直行业+特色产业"BU制组织架构,适配行业生产关系竞争新格局,结合区域优势特色产业集群,卡位战新产业,布局未来产业,实现九大行业做深做透,特色产业做大做强。构建省市

◎ 安徽公司在比亚迪合肥工厂生产车间进行 5G 组网

---

① 《习近平考察小岗村　重温中国改革历程》,新华网 2016 年 4 月 25 日。
② 《习近平主持召开新时代推动中部地区崛起座谈会强调　在更高起点上扎实推动中部地区崛起》,《人民日报》2024 年 3 月 21 日。

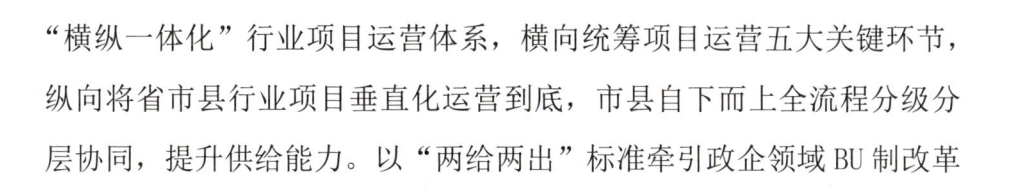

"横纵一体化"行业项目运营体系，横向统筹项目运营五大关键环节，纵向将省市县行业项目垂直化运营到底，市县自下而上全流程分级分层协同，提升供给能力。以"两给两出"标准牵引政企领域 BU 制改革到位，全面优化资源配置，激发队伍积极性。

安徽公司积极赋能先进制造业，加快锻造新质生产力。助力蔚来汽车第二先进制造基地总装车间实现车辆自动下线，使智能电动汽车在交付用户前具备由园区算力中心进行统一驾驶调度的能力，整车生产场景实现全流程无人化。

备受关注的比亚迪合肥工厂项目从开工到整车下线仅用时 10 个月，让人惊叹又一次被刷新的"合肥速度"。而安徽公司仅用 10 天就完成比亚迪工厂总装车间和办公楼的 5G 网络覆盖，5 天开通跨省专线、成功接通企业供应链系统，用"移动速度"保障了"合肥速度"。

三、融合绽放——聚力科技创新

习近平总书记强调："要调动好高校和企业两个积极性，实现产学研深度融合。"[①] 安徽公司在改革创新进程中，联合中国科学技术大学、信安中心、启明星辰、国网安徽信通、华为等成立 5G 应用安全创新推广中心，通过产学研深度融合，纵向到底，不断孵化 5G 应用安全原子能力，支撑重点领域创新和典型应用落地，推动运营商企业优势互补和技术共享，构建区域安全共同体；通过强化联合体协同，横向到边，将安全技术能力逐步转化为市场优势，基于企业安全能力拓展，满足 5G 行业客户安全刚性要求和定制化安全服务需求，打造区域性 5G

---

① 《习近平在中央人才工作会议上强调　深入实施新时代人才强国战略　加快建设世界重要人才中心和创新高地》，《人民日报》2021 年 9 月 29 日。

◎"智核"实验室成员开展数据测试和验证

安全产品金字招牌,实现行业领先。

安徽公司联合网络事业部、研究院成立"智核"协同创新实验室,从顶层谋划、技术攻关、研究试点、开发集成4个方面展开深入合作,主要聚焦5G/6G关键技术、网络智能化、通用大模型等方向,协同推进创新研究和成果孵化,开展多项新技术、新方案试点验证。相关研究成果荣获2023年ICT中国创新成果二等奖、集团公司最佳实践奖等,为锻造新质生产力、推动网络智能化转型、培育核心网智能化生产沃土发挥积极推动作用。

彩虹迎春风,整装再出发。习近平总书记反复强调,"老百姓关心什么、期盼什么,改革就要抓住什么、推进什么,通过改革给人民群众带来更多获得感"[①]。安徽公司将牢记殷殷嘱托,持续激发改革创新基因,在广阔的江淮大地上敢闯敢试,奋勇争先,为高水平建设世界一流信息服务科技创新公司、推进中国式现代化的长三角实践贡献"新动力量"。

▲(文/图 夏乃畅 王立松)

[①]《习近平主持召开中央全面深化改革领导小组第二十三次会议强调 改革既要往增添发展新动力方向前进 也要往维护社会公平正义方向前进》,《人民日报》2016年4月19日。

湾区潮头立，奋力"粤向前"

中国移动广东公司（以下简称"广东公司"）认真学习贯彻习近平新时代中国特色社会主义思想和党的二十届三中全会精神，深入贯彻落实习近平总书记考察广东重要讲话、重要指示精神，锚定粤港澳大湾区"一点两地"全新定位，以"改革"为墨、执"数智"之笔，绘就粤港澳大湾区高质量可持续发展的新画卷。通过系统打造新型信息基础设施，畅通粤港澳大湾区信息"大动脉"；紧抓低空经济蓬勃发展的机遇，积极发展低空业务；深入贯彻实施"AI+"行动计划，狠抓业务产品创新，推动通信连接再升级；加强湾区互联互通，加速形成新质生产力，以一流数智服务助力粤港澳大湾区建设世界一流湾区。

推进粤港澳大湾区建设，是习近平总书记亲自谋划、亲自部署、亲自推动的重大国家战略，习近平总书记多次作出重要指示批示，为大湾区建设领航掌舵、把脉定向。中国移动广东公司作为扎根大湾区

◎ 举办《湾区潮头立，奋力"粤向前"》宣讲报告会

的信息通信企业，勇担粤港澳大湾区建设主力军，锚定世界一流信息服务科技创新公司的发展定位，紧扣粤港澳大湾区"一点两地"的战略定位，持续巩固深入学习贯彻习近平新时代中国特色社会主义思想主题教育成果，勇挑重担、勇立潮头，加速形成新质生产力，激发高质量可持续发展的强劲动能，在集团上下"奋战百天"攻坚战役的关键时期，以"改革"为墨、执"数智"之笔，以一流数智服务助力粤港澳大湾区建设世界一流湾区，续写"春天的故事"！

一、建强信息基础设施，铺设全面领先"高速路"

习近平总书记强调，"使粤港澳大湾区成为新发展格局的战略支点、高质量发展的示范地、中国式现代化的引领地"[①]，广东公司系统打造

[①]《习近平在广东考察时强调 坚定不移全面深化改革扩大高水平对外开放 在推进中国式现代化建设中走在前列》，《人民日报》2023年4月14日。

以 5G、算力网络、能力中台为重点的新型信息基础设施，扎实推进粤港澳大湾区重大项目取得实效，畅通粤港澳大湾区信息"大动脉"。

被誉为"新世界七大奇迹"的港珠澳大桥是世界级超级工程，其网络建设所面临的挑战是前所未有的。广东公司网络建设团队以"精卫填海"的精神，攻坚克难，坚持奋战 40 多天，最终实现了高质量网络覆盖。在港珠澳大桥通车 5 周年后，深中通道也实现全线通车，广东公司加快落地"两个新型"，创新性设计出"海面+桥面"四方向网络覆盖方案，为深中通道的顺利运行和用户的良好体验提供了坚实的保障。而针对作为粤港澳大湾区主动脉的广深港高铁，广东公司创新引入"差异化速度配对、大容量规格提升、线性覆盖深入探测"等 5G 新技术，打造了全国首条 5G 全覆盖高铁线路，让内地和香港的往来互动迈入了新时空。

◎ 广东公司在深中通道创新性实现"海面+桥面"四方向网络覆盖

在粤港澳大湾区，一个个超级工程横空出世，广东公司以建强信息基础设施为落脚点，在大湾区累计建成5G基站超14万个，打造了一张5G精品网，并积极推进5G-A商用部署。中国移动公布的首批100个5G-A网络商用城市名单中，大湾区内地九市全部在列。此外，还打造了全球最大的全光交换网络，重构粤港澳大湾区基础光网络，构建大湾区3毫秒超低时延圈，为区域发展铺设了一条高效的信息"高速公路"。

二、聚合技术资源优势，竞逐低空产业"新赛道"

党的二十届三中全会提出，"深化综合交通运输体系改革，推进铁路体制改革，发展通用航空和低空经济，推动收费公路政策优化"。这为促进我国低空经济发展指明了方向。广东公司坚决贯彻落实党中央决策部署，凭借5G通信技术、5G-A通感一体网络、算力网络等前沿技术优势，创新应用场景，积极构建低空产业生态，把握发展机遇，竞逐低空经济发展新赛道。

发挥5G-A通感一体技术领先优势和4.9GHz黄金频段优势，广东公司联合合作伙伴完成全球首个5G-A低空通感多站协同应用场景演示，有效验证多站协同、低空多目标复杂轨迹感知等多方面重要技术能力，打造"通信+感知"融合的低空信息基础设施试点样板，抢抓低空产业战略发展先机，助力低空经济快速发展。

积极发展低空业务，成立低空办公室，强化政策卡位和技术创新，加速推动数智技术与低空经济深度融合，聚焦物流运输、公共服务、消费出行等领域，在大湾区成功打造低空行业良好实践应用实例。通过"5G+航空"应急救援、珠海横琴全空间无人体系、深圳美团无人机外卖配送、佛山顺德"5G+AI"无人机巡查管理等应用标杆，广东公司发挥自身资源优势，持续提升低空基础设施和低空应用服务水平，成功拓展低空商机超2.5亿元，全力抢占低空经济制高点，为推动广东低空经济高质量发展贡献力量。

◎ 广东公司为"5G+航空医疗应急救援演练"提供全程网络保障服务

三、构建新型服务体系，增"数"添"智"激发"强劲能"

2024年《政府工作报告》提出"要深化大数据、人工智能等研发应用，开展'人工智能+'行动，打造具有国际竞争力的数字产业集群"。广东公司积极汇聚各方力量，深入贯彻实施"AI+"行动计划，系统构建"连接+算力+能力"新型信息服务体系，发挥技术资源禀赋优势，狠抓产品创新，探索千行百业应用场景，助力形成新质生产力，推进从通信连接向"通信+生态"连接再升级，推动经济社会从"互联网+""5G+"迈向"AI+"新时代。

新质生产力的特点是创新，在创新引领方面，广东公司也走在全国前列，积极发挥移动信息现代产业链链长作用，整合产业链上下游能力，发布了智慧民生、智慧电网、智慧工地、智慧公交、智慧生态、低空经济、智慧政务、智慧医疗、智慧工业、智慧车联等十大典型应用场景。例如，结合中国移动5G与AI边缘计算，南方中集物流工厂的一套全自动集装箱视觉检测设备不到一分钟即可完成对大型板材的质量检查，检测精度达 95% 以上，检测率提升 98%。

习近平总书记在广东考察时指出："要树立大食物观，既向陆地要食物，也向海洋要食物，耕海牧渔，建设海上牧场、'蓝色粮仓'。"[①]"海威 2 号"是广东目前已投产的规模最大的海上养殖平台，是一个 3 万立方米的"庞然大物"。广东公司打造高品质海上 5G 专网，助力"海威 2 号"实现自动投饵、渔场监控、水质实时测量等智能化养殖生产设备高效作业，并通过大数据智能分析，为企业提供更好的技术服务，以新型信息服务体系为海洋牧场提质增效，助力湾区现代化海洋牧场建设朝数字化、智能化方向加速迈进。

◎ 广东公司结合 5G 与 AI 边缘计算助力产品质检

将 AI 技术与内部服务体系改革深度融合，以打造一流服务标杆为目标，不断刷新舒心、贴心、暖心的"心级服务"体验。客户经理小王借助"AI+ 客户经理"助手，在拜访客户的过程中，短时间内输出全套信息化解决方案，并得到客户的肯定，最后成功中标千万级大单。持续推动业务产品创新，丰富信息化服务供给，为政企客户经理赋能减负，大幅提高政企业务办理效率。

[①]《习近平在广东考察时强调　坚定不移全面深化改革扩大高水平对外开放　在推进中国式现代化建设中走在前列》，《人民日报》2023 年 4 月 14 日。

四、助力数治融合升级，深化互联互通"新格局"

广东公司主动融入和服务国家战略，全面提升面向数字政府的"一站式"、全流程信息服务能力，深度参与数字湾区、数字政府建设，积极推进"技术＋服务＋业务"融合再升级，打造全国首个省级物联感知体系，接入终端超 100 万，通过实现全省物联感知类设备与数据的统一接入管理、应用共享，打破了不同省直单位、地市的数据壁垒，在省内实现物联感知数据跨行业跨地域互通互认，各级感知数据实时可视、按需共享。

数据不只是数值，更是新生产要素。广东公司积极落实集团公司战略部署，推动要素效率新突破，延展高质量发展纵深，深度参与全国首个数据要素流通交付管理平台建设，激活数据价值，培育发展动能。在广州数据交易所上架超 150 款产品，助力数据要素市场化运营，为湾区的数据要素流通和交付管理保驾护航。

◎ 广东公司打造全国首个省级物联感知体系

粤港澳大湾区产学研合作平台与创新联盟的深耕细作，极大地激发了区域内的创新活力与潜力。中国移动携手香港科技大学（广州），以"元宇宙＋教育"为核心，推动"HPC+AI"融合智算中心上线和元宇宙联合创新实验室启用，实现元宇宙在教育领域先行先试；加快推进粤港澳大湾区（韶关）数据中心、香港第二数据中心建设，持续提升算力网络供给能力；联合研究院打造 6G 通感算智融合试验装置，推进 6G 超大带宽超高速率、通感融合等关键技术研究，力图在全球科技版图中占据"世界枢纽"的关键地位。

"勇立潮头"——在二〇二四年新年贺词中，习近平总书记用这个词点赞粤港澳大湾区的建设成就。面向未来，在粤港澳大湾区这片充满希望的沃土上，广东公司坚定发展信心，做到团结协作谋发展，高效管理促发展，奋力实现"四个走在前"，踔厉奋发创一流，以行动诠释科技引领的力量，以最前沿的信息化技术助力大湾区经济朝数字化、智能化方向加速迈进，为助力建设世界一流湾区贡献移动数智力量！

▲（文/图 程 飞）

敢为政企，赋百业

党的二十届三中全会提出，高质量发展是全面建设社会主义现代化国家的首要任务。中国移动政企事业部（以下简称"政企事业部"）紧盯高质量发展首要任务，坚持目标导向和问题导向相结合，以"敢·政企"党建品牌焕新为抓手，以"敢"的精神挺膺担当，聚力实现以党建信息化赋能乡村振兴、以AI激活数智"欣"生、以低空抢抓创新机遇等发展成果，回答好聚焦业务问题的"人民之问"、聚焦能力问题的"发展之问"、聚焦行业问题的"时代之问"，以数智赋能千行百业，谱写中国移动高质量发展新篇章。

习近平总书记指出，"敢字为先、干字当头，勇于担当、善于作为"[1]。政企事业部直面增收之难、拓展之困、创新之艰，敢立潮头，

---

[1] 习近平：《在"不忘初心、牢记使命"主题教育总结大会上的讲话》，《人民日报》2020年1月9日。

◎《敢为政企，赋百业》作品亮相集团公司"新动力量"宣讲报告会

高调回答"人民之问""发展之问""时代之问"，融千行，赋百业。

一、敢破局，用"星火党建"答好"人民之问"

将信息技术应用到党建工作中，既是信息化时代发展的客观要求，也是党建工作改革创新的必然要求。政企事业部认真学习贯彻习近平总书记关于党建工作的战略部署，着力解决传统党建工作的痛点、难点，优化、推广互联互通、智能分析、科学管理的星火党建品牌，助力提升党建工作管理的科学化、精准化、数字化水平，切实以高质量党建引领保障高质量发展。

聚焦组织赋能，打造智慧管理平台。将党建工作从传统移动端延伸至智慧大屏端，将党建工作与新一代信息技术深度融合。精准管理，实现数据要素价值转化。通过数据管理和智能画像等功能手段，实时、真实、完整、系统地记录、分析和展示党建工作情况，助力基层党组织及时发现工作痛点、难点、堵点问题，提升科学管理能力。

聚焦用户服务，树立学习教育标杆。打造云视网课，整合优质学习资源，开展"送党课进基层"活动，通过全国范围同步在线学习，将党的声音送达一线。丰富场景，应用更贴心。为基层党建工作人员提供一键发布功能，线上指定学习内容。通过多维度学习进度统计，实现了学习内容聚焦、学习效果可控。高标服务，保障更全面。为保障好中央党校面向全国的大型线上直播党课活动，政企事业部成立了专项联合保障攻坚队，做实技术直播方案，做细活动应急预案，高效率填补直播党课技术空白，高质量呈现了中国移动党建信息化水平。

聚焦一线心声，打造数智便捷产品。积极发挥互联网、大数据、云计算等信息技术优势，引入AI算法和"九天"智能能力，精准匹配一线

◎ 中国移动智慧党建数据中心

党员自学课程，为党建多样化场景提供高质量、全天候、实时自动问答的服务；引入OCR识别能力提高资料档案的整理效率。同时引入在线支付能力，实现党费缴纳全流程电子化，大幅提高党建工作效率。以数谋祉，打造行业标杆。搭建"三屏"联动体系，数据大屏展示各类党建工作数据，为各级党委建立指挥中心；电脑中屏同步关键指标

数据；手机小屏方便随时随地检查基层党务工作开展情况，助力提高基层党组织运行效率，切实有效为基层减负。政企事业部以信息化赋能基层治理的移动答卷，以创新之姿，用守正与创新的辩证关系回答了人民之问。

二、敢担当，用数智"AI"答好"发展之问"

按照"加快新型基础设施建设，推动数字经济和实体经济深度融合"的要求，政企事业部积极落实集团公司"AI+"行动计划，聚焦政企领域特点，推动AI与政企产品、新兴技术、未来产业融合，涌现系列创新成果，聚力为"千家万户""千行百业"注智赋能。

"AI"上能力。在大力推动"AI+"行动计划落地的过程中，政企事业部打造"COMPASS"能力体系，通过整合算力(CO)、大模型(M)、产品(P)、应用(A)、解决方案(S)和服务(S)六大模块，为社会转型发展提供全方位的AI支持，提供"一站式"服务体验。"COMPASS 1.0" AI服务体系通过数据中心布局，构建了全国确定性时延网络，确保了稳定的算力支持；通过自主研发的"九天"基座大模型，与行业大模型共建，致力于解决复杂行业问题；聚焦"AI+数智办公""AI+安全运营""AI+物联网""AI+视联网"等四大领域，打造10余款AI产品，构建20款AI原生行业应用，并以客户需求为中心打造行业定制化AI解决方案，促进AI技术深度融入行业生产，为高质量发展提供新动能。

"AI"上当下。在内蒙古鄂尔多斯文玉煤矿，基于"九天"工业大模型打造的AI智能体，已覆盖70余个场景，应急响应速度提升70%，为企业减少巡检成本30%，降低人力成本50%，企业采煤效能提升10%，因安全问题造成的停产大幅减少。助力矿山安全监管智能升级，降低安全风险，减人提效。在辽宁，化工园区数量多、监管难，安全生产压力巨大。运用智慧化工园区综合管理平台，盘锦辽东湾化工园区内26家重大危险源企业、11种重点监管工艺、23种危化品类型、1000余个危化品储罐，全部纳入化工智慧化监管。园区安全管理水平显著提升，实现了全要素监管、全流程预案和全过程分析。

"AI"上未来。AI巡考是国家考试数字化改革"一号工程"，是关注下一代成长成才的数智化创新手段。政企事业部基于AI、云算力、大数据技术优势，通过"大模型+小模型"

◎ AI化工监管危险预警

智能算法，赋予现有监考系统AI分析能力，实时分析考试过程中的各种违规行为，并及时反馈至监考人员进行干预，改变考后人工视频核查的传统模式，变"事后追溯"为"现场阻断（取证）"，提高考试监督效率、及时性、公正性。

三、敢作为，用低空数智答好"时代之问"

党的二十届三中全会提出，要健全因地制宜发展新质生产力体制机制，健全促进实体经济和数字经济深度融合制度。政企事业部坚决贯彻落实党中央决策部署，坚持党建引领，将党支部建在"链"上，从"单兵种"各自为战转变为"合成旅"联合作战，通过AI赋能低空技术革命性突破、生产要素创新性配置，全面构建低空能力体系、加速低空场景创新、推动低空生态构建，助推我国低空经济展翅翱翔、行稳致远。

飞得更快！打造低空信息服务体系，助力"空中的士"飞入现实。政企事业部加速推动数智技术与低空经济深度融合，在广东，基于中国移动"700MHz+2.6GHz+4.9GHz"的低空5G网络及自研机载5G通信终端"哈勃一号"，联合峰飞航空科技完成"空中的士"eVTOL电动垂直起降航空器全球首条跨海跨城航线的公开演示飞行，将深圳蛇口邮轮母港到珠海九洲港码头原本3小时的地面车程缩短至20分钟，实现eVTOL技术、基础设施搭建、航线规划、空域协调到空中交通数字化监管等多方面实践验证。

◎ 空中的士

飞得更好！构建"空地一体"协同应用保障防控体系，为应急救援管理保驾护航。为打穿打透感知监测、指挥通信、救援装备、数据应用、安全防护等重点场景和特定问题，全面助力防灾减灾救灾能力提升，在甘肃，研创空天地一体化公安应急通信保障体系，创新无人机搭载警用数字集群的高机动性公安应急通信保障手段，在断网断电断路极端环境下实现公安指挥对讲、音视频回传、侦查搜救。

飞得更稳！夯实低空智联底座，让"无人机"守护"载人机"。在云南，携手保山机场开展低空实时感知与目标动态跟踪，基于中国移动 5G-A 通感一体网络能力，构建 5G-A 空地一体监测系统，自动识别和预警潜在的安全隐患，有效解决机场低空、跑道侵入防控等管理痛点问题，增强风险防控能力和安全管理水平，实现从"人防"向"技防"的升级。

鲲鹏展翅九万里，长空无涯任搏击。政企事业部将深入学习贯彻习近平新时代中国特色社会主义思想和党的二十届三中全会精神，高举"敢·政企"战旗，推动政企市场高质量发展，为助力集团公司创世界一流"力量大厦"贡献更大力量。

▲（文/图　李佳茵）

打响泛全联盟"终"极战

党的二十届三中全会指出"抓紧打造自主可控的产业链供应链"。面对终端行业产业链供应链复杂多变的内外部环境，立足"泛终端全渠道销售联盟"，中国移动终端公司（以下简称"终端公司"）基于"终端产品提供者、泛全联盟运营者、终端产业引领者"战略定位和企业使命，强化"终端生态化""渠道连锁化""客户会员化"，主动担当作为、强化产业引领、做优泛全联盟，以改革创新推动产业链供应链高质量发展。打响泛全联盟"终"极战，有效提升了中国移动5G终端客户规模和泛全渠道规模，锻造了移动人的改革创新精神和专业敬业作风，支撑保障CHBN全向发力，推动终端产业繁荣发展，共生共赢。

党的二十届三中全会指出："面对纷繁复杂的国际国内形势，面对新一轮科技革命和产业变革，面对人民群众新期待，必须继续把改革推向前进。"立足终端产业，我国部分关键核心技术受制于人，芯片"卡脖子"等影响行业格局变化。产业链牵引不强、供应链韧性不够，成为制约终端产业高质量发展的关键。"敢于突进深水区，敢于啃硬骨头，敢于涉险滩"是党中央的部署要求。

中国移动发布"泛终端全渠道销售联盟"（以下简称"泛全联盟"），赋予终端公司"终端产品提供者、泛全联盟运营者、终端产业引领者"的"新三者"战略定位和企业使命，以改革创新推动终端产业链供应链发展。

◎《打响泛全联盟"终"极战》作品亮相集团公司"新动力量"宣讲报告会

一、泛全联盟"终端生态化"

近年来，全球产业链供应链面临重构，产业链供应链外部环境的复杂性和不确定性上升，特别是西方国家对我国发展遏制打压升级，与我国强行"脱钩断链"。我们要从大历史、大宏观、大格局的高度，认识抓住这一轮科技革命和产业变革带来生产力的跃升机遇的极端重要性紧迫性。

协同产业，强化动能。习近平总书记强调："产业链、供应链在关键时刻不能掉链子，这是大国经济必须具备的重要特征。"[①] 产业链改革创新要求我们注重"点""链"结合，加强场景牵引，全链条推动技术攻关、生态构建，实现"化点成珠、串珠成链"。泛全联盟与合作伙伴紧密协作，借助数智化管理方法，构建起全国规模最大的终端直销体系。终端公司携手苹果、华为、小米、荣耀、OPPO、VIVO等业界领军品牌，泛智能终端广泛覆盖CHBN全场景全品类，发挥市场规模效应和集聚效应，激发市场活力，强化创新动能。

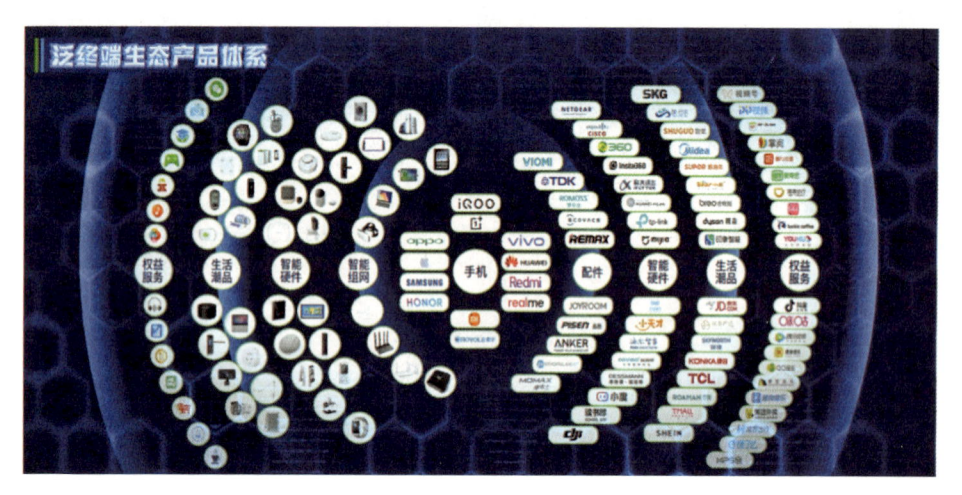

◎ 泛终端生态产品体系

科技创新，激发潜能。高质量发展是新时代的硬道理，发挥新质生产力是推动高质量发展的内在要求和重要着力点，是推进中国式现

[①] 中共中央宣传部、中央国家安全委员会办公室编：《总体国家安全观学习纲要》，学习出版社、人民出版社2022年版，第81页。

代化的重大战略举措。终端公司深刻把握习近平总书记关于发展新质生产力的重要论述，打好关键核心技术攻坚战，推进技术攻关、成果应用全链条突围，以自主可控的创新链保障安全稳定的产业链供应链。终端公司充分发挥"终端子链"链长职责，立足主责主业，强化"党建强链"平台效能，加强产业链上下游协同，创新产业合作模式，拓展合作深度与广度，推动科技创新、强化芯片保障、开展产品研发、加强品质管控，国产化元器件关键指标与国际齐平，国产化模组销售量突破百万级，提升了国产手机产业链自主可控程度，降低了对国外芯片的依赖，开拓了终端产业发展新局面。

二、泛全联盟"渠道连锁化"

党的二十届三中全会指出"健全提升产业链供应链韧性和安全水平制度"。市场是最稀缺的资源，流通是经济循环的血脉。党的十八大以来，全国统一大市场建设步伐加快，新业态新模式不断涌现，但支撑高质量发展的体制机制有待进一步完善，从动能培育看，实体商店等传统商贸主体面临巨大转型压力。

凝聚纽带，构建体系。产业链供应链韧性和安全水平取决于关键环节的自主可控和产业体系的完整稳定。泛全联盟凝聚供应链是"渠道连锁化"的核心，是泛全联盟服务两端、做强中间的初衷。为线下渠道助力赋能。泛全联盟为线下渠道商带来新的发展机遇，通过提供统一供货、统一收银等综合服务，有效提升渠道商运营能力，提高运营效率。为线上渠道开拓动能。泛全联盟持续强化主流电商平台线上渠道的建设，建设OAO运营体系，实现线上线下的有机对接和协同发展。通过强化线上线下渠道，为大力提振消费拓展内需空间，激发市场活力，巩固和增强经济向好态势。

数智赋能，提质增效。党的二十届三中全会强调"推动生产要素畅通流动、各类资源高效配置、市场潜力充分释放"。泛全联盟致力于提供行业领先的供应链服务和数智化支撑平台，实现全国平均次日达、即时零售小时达。通过精确营销、精准服务、精细管理，构建起高效、协同、共赢的服务生态体系，激发转型发展潜能。泛全联盟拉通产业链的上下游环节，确保全链条的可视、可管、可控。利用我国市场规模巨大的优势，带动产业链合作伙伴共同成长，保持和强化完整产业体系。

◎ 泛全联盟线上销售直播场景

三、泛全联盟"客户会员化"

为中国人民谋幸福、为中华民族谋复兴，是中国共产党人始终坚守的初心和使命。党的十八大以来，以习近平同志为核心的党中央始终坚持以人民为中心的发展思想，准确把握我国发展阶段新变化。检验一切改革工作的成效，是要看人民是否真正得到实惠。

党的二十届三中全会指出"在发展中保障和改善民生是中国式现代化的重大任务"。打造人民真正需要的综合性服务平台是泛全联盟"客户会员化"植根人民、服务人民的最终目标和不懈追求。

革新传统服务模式。泛全联盟立足"以人民为中心"，以增进人民福祉为出发点和落脚点，不局限于提供价优物美的终端硬件产品，而是持续打造"终端+业务+应用+权益+服务+会员"的综合性产品组合，更是锻造品类丰富、权益优惠、

◎终端公司在山东济南八一移动营业厅内"五心"服务场景

体验俱佳、口碑领先的数智生活平台，为市场扩大需求提供了新空间，为行业创新发展提供了新引擎，为强化客户服务提供了新支撑。

深耕人民切实需要。牢固树立以人民为中心的发展思想，常怀忧民、爱民、惠民之心，采取针对性更强、覆盖面更广、作用更直接、效果更明显的举措，解决好同老百姓生活息息相关的民生问题。泛全联盟进一步强化权益运营机制，提供"以旧换新""守机保"等一系列服务，全方位、多层次满足客户的实际需求，确保客户享受到便捷、高效服务的同时，深切感到舒心、贴心、暖心、放心、安心。

不断升级会员体系。泛全联盟始终坚持以人民群众满意为衡量标准，顺应民意改进工作、提高服务质量。客户会员权益持续升级，服务体系全面焕新，联合终端厂商、回收服务商、保险服务商等，全面提升移动优选会员服务体验，强化客户有感知、客户感知优的会员服务，让人民群众获得感、幸福感、安全感更加充实、更有保障、更可持续。

5G技术商用的5年，是泛全联盟在挑战和改革中从孕育成长、迅猛发展、成果斐然的5年。目前，中国移动5G终端客户规模突破6.3

亿，泛全渠道规模超24万家，行业出货份额超过27%。泛全联盟已成为连接厂商、运营商、渠道商、服务商的重要产业生态凝聚平台。终端公司将持续深化泛全联盟运营，实现均衡高效匹配供给，满足10亿用户多场景"一站式"数智消费需求，与合作伙伴共创终端万亿级产业生态，推动新发展阶段改革取得更大突破、展现更大作为。

泛全联盟"终"极战，从困局到胜局，锻造了移动人的改革创新精神和专业敬业作风，强化了产业链的凝聚力和战斗力。面向未来，终端公司始终秉持以客户为中心、以市场为导向、以奋斗者为本的发展理念，打造一支能征善战的"终端铁军"，支撑保障CHBN全向发力，推动终端产业繁荣发展，共生共赢！

▲（文/图 李恬恬 丁 萌）

奋力谱好投资新乐章

习近平总书记强调，"强化企业科技创新主体地位，促进创新链产业链资金链人才链深度融合，推动科技成果加快转化为现实生产力"[①]。资金链作为联结和贯通经济活动的"主动脉"，是驱动创新链、支撑产业链、塑造人才链的关键要素，在推进高质量可持续发展过程中发挥着重要作用。中国移动投资公司（以下简称"投资公司"）积极践行金融服务实体经济的天然使命，以担当"信息服务领域一流产业投资者"为使命愿景，锚定"价值贡献、产投协同、生态构建"三大职责，从谱就战新投资"春之曲"、填好并购整合"春之词"、唱响投资安全"春之歌"3个方面，谱写投资乐章，展现了中国移动投资人服务科技创新和转型发展的责任与担当。

[①]《习近平在湖南考察时强调　坚持改革创新求真务实　奋力谱写中国式现代化湖南篇章》，《人民日报》2024年3月22日。

金融是国民经济的血脉，关系中国式现代化全局。党的二十届三中全会明确提出深化金融体制改革的目标任务，强调投早、投小、投长期、投硬科技，为资本赋能高质量发展提供根本遵循。让金融为科技创新插上腾飞的翅膀，这也是习近平总书记对走好中国特色金融发展之路格外关心、格外关注的"国之大者"，是投资人长歌奋进、"移"路繁花的奋斗目标。

铿锵之音，越唱越响。在祖国广袤无垠的沃土之上，奏响一曲曲资本赋能的奋进乐章。

◎《奋力谱好投资新乐章》作品亮相集团公司"新动力量"宣讲报告会

一、以匠技兴企，谱就战新投资"春之曲"

习近平总书记强调："面对新一轮科技革命和产业变革，我们必须抢抓机遇，加大创新力度，培育壮大新兴产业，超前布局建设未来产业，完善现代化产业体系。"①这一主旋律，清晰勾勒出看齐追随的政治卷，汇聚起"在路上"的前行力量。

投资是一项关于未来的决策，是对未来的预测和布局，需要从中央大政方针中捕捉前沿动态，把握产业趋势，优化资本布局，赋能高质量发展。近年来，面对集团拳头产品不足、创新成果转化率不高等问题，投资公司坚持立足集团战略需求，发挥直投支撑高质量发展的"推进器"作用，聚焦行业头部开展战略类投资，强化产业控制。在大华股份项目推进期间，投资公司通过项目研究、数据分析、走访调研，以资源共享、联合创新、立体合作的战略协同思路，在集团总部、省专公司、地市公司4个层面与视频设备、解决方案、系统平台、运维服务、基础研发五大维度提出切实可行的合作设想，历时两年完成项目布局。之后，发挥党建联盟"红色磁场"作用，积极打造交流平台，开展政企领域走进大华活动，一企一策制定合作目标和方案。2024年，双方在智慧家庭、视频能力平台建设等领域共拓项目超过1200个，签订协同订单连续两年超过10亿元，成为集团级金牌合作伙伴。

在实现企业高质量发展的"赶考"路上，投资公司始终与被投企业心

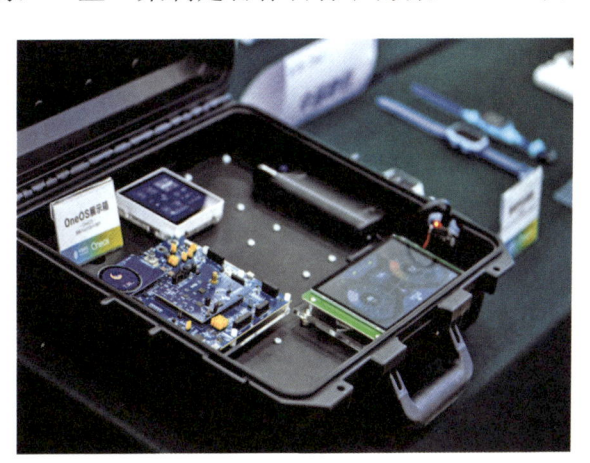

◎ 大华股份与物联网公司联合打造智慧安防操作系统

---

① 《习近平在参加江苏代表团审议时强调　因地制宜发展新质生产力》，《人民日报》2024年3月6日。

往一处想、劲往一处使，按照"发挥优势、业务互惠、能力尽用、突破机制"的原则，做好沟通对接交流平台，建立对等协同组织和机制，推进同等条件优先合作，打造亲密协作、共生共赢的利益共同体。

二、以匠艺立身，填好并购整合"春之词"

投资是一门艺术，也是一场修行，需要对大量专业细节的耐心把握，并投入大量的时间精力，考验着投资者对特定客观事实与逻辑的把握。

习近平总书记高度重视发挥有效投资的关键性作用，强调："要支持上市公司并购重组，稳步推进公募基金改革，研究出台保护中小投资者的政策措施。"① 这一主基调清晰勾勒出奋勇前行的征程卷，汇聚起"在路上"的奋进力量。

近年来，随着5G网络的普及，网络安全问题日益凸显，对通信运营商在信息基础设施安全能力上提出更高要求。面对这一战略需要，投资公司闻令而动、接旗出征，深入评估网信安全头部企业与集团业务发展的匹配度，克服"疫情不稳定、标的覆盖广、时间窗口急"等诸多困难，组织团队设计出五大

◎ 在合作伙伴大会上向参股企业宣讲协同机制和强链经验

---

① 《中共中央政治局召开会议 分析研究当前经济形势和经济工作》，《人民日报》2024年9月27日。

维度、26个子指标、219项参数的综合评估方案，经过逐一评估确定启明星辰为第一优选并购标的。同时，组织各专业线骨干建立党员突击队，不惧困难想方设法开展现场尽调、交易谈判，反复推敲打磨交易方案，历时两年完成交易签约，并协同15家省专公司无数次讨论修订，最终形成全方位整合方案，成为中国移动开展并购整合的重要参考。

如今，启明星辰承担着"安全核心技术攻坚者、安全产品服务引领者、安全运营体系支撑者"三大角色，积极融入中国移动"党建强链"总体部署，联合投资公司、政企事业部、互联网公司成立"网安先锋"党外人士联合攻关小组，融合自身安全禀赋及中国移动云网资源优势，将安全充分融入"云、网、数、智"等新兴领域，赋能CHBN-GV等业务场景升级迭代。2024年，物联网公司与启明星辰联合打造基于SaaS服务的安全云等保能力项目，实现收入大幅提升。

三、以匠心筑梦，唱响投资安全"春之歌"

在投资的世界里，心态与认知是两位不可或缺的向导，它们如同航海图中的经纬线，引领着投资者在波涛汹涌的市场中寻找那片属于自己的战略要地。特别是被投企业出现经营困难的时候，更需要保持乐观积极的心态。

习近平总书记高度重视防范化解金融风险，强调"把握好快和稳的关系，在稳定大局的前提下把握时度效，扎实稳妥化解风

◎ 组织梆梆安全参加"聚势乘云　万企苏生"彩虹桥协同交流

险"①。这一主脉络，清晰勾勒出守牢底线的责任卷，汇聚起"在路上"的先锋力量。

近年来，伴随股权投资规模不断发展壮大，面临的风险日益增多，需要早识别、早预警、早暴露、早处置。投资公司组织健全具有硬约束的金融风险早期纠正机制，加强对被投企业的经营跟踪、风险预警、投后管理，维护国有资产安全。在梆梆安全陷入经营困顿时期，面对其他股东纷纷要求实控人回购股权的窘迫局面，投资公司果敢担当、迎难而上，反复与实控人谈判、与主要股东沟通，找准问题的突破口，率先解决急迫问题，坚持每月走访企业，深入了解企业经营发展动向，推动其融入中国移动"党建强链"、产投协同"彩虹桥"等协同平台，帮助拉通合作资源渠道，出台执行维护投资安全的实施方案，推动梆梆安全业绩逐步改善，顺利度过了破产清算的危险期，投资安全得到了保障。

面对投资亏损的压力，投资公司始终以敢于攻坚啃硬的扎实作风、主动担当作为的优秀品质，抓住解难纾困的根本，传递办实事稳预期的态度决心，与被投企业携手共渡难关，彰显央企责任担当。跨越山海，合作共赢，移动人开放合作的协奏曲，将会时时传递、川流不息。

开放合作是中国式现代化的鲜明标识，更是一场内涵丰富的宏阔实践。投资公司将时刻把准转型航向，以资本为媒，拓展创新生态，架起合作桥梁，与产业链上下游企业共同凝聚"新动力量"，奏响投资乐章，为高水平建设世界一流信息服务科技创新公司贡献力量。

▲（文/图 李建京）

---

① 《中央金融工作会议在北京举行》，《人民日报》2023年11月1日。

潮起金融万物生

习近平总书记强调,"金融是实体经济的血脉,为实体经济服务是金融的天职"①。中国移动金科公司(以下简称"金科公司")始终胸怀"国之大者",坚守金融为民初心,深入贯彻党的二十届三中全会精神,秉持以人民为中心的发展思想,聚焦"金融为民""服务实体""金融风控"三大关键领域,生动诠释"金融如水、潮起万物生"的理念,全力推动金融服务民生、助力千行百业蓬勃发展。展望未来,金科公司将持续强化金融强国使命担当,紧扣金融科技高质量发展主线,深耕"五篇大文章",以优质金融服务聚力实体经济,筑牢金融风险防线,为赋能实体经济高质量发展、助力中国式现代化建设注入强劲"新动力量"。

---

① 《习近平在全国金融工作会议上强调 服务实体经济防控金融风险深化金融改革 促进经济和金融良性循环健康发展》,《人民日报》2017年7月16日。

水，隐于无形，滋润万物。金融，无处不在，创造生机。金融如水、潮起万物生！

习近平总书记强调："强化金融服务功能，找准金融服务重点，以服务实体经济、服务人民生活为本。"[①] 从一颗种子到一片森林，从一个企业到千万家庭。金融服务不仅点亮了无数个家庭的梦想，更激荡起高质量发展的浪潮！

◎《潮起金融万物生》作品亮相集团公司"新动力量"宣讲报告会

一、金融为民：科技引领，普惠民生

民惟邦本，本固邦宁。习近平总书记强调，坚持以人民为中心的

[①]《习近平在中共中央政治局第十三次集体学习时强调 深化金融供给侧结构性改革 增强金融服务实体经济能力》，《人民日报》2019年2月24日。

价值取向，深刻把握金融工作的政治性、人民性[①]。

坚持"金融为民"是金融工作的本色。从现代中国金融发展进程来看，金融工作的人民性始终贯穿其中。不断增进人民福祉、实现人民幸福，是新时代党的初心使命的集中体现与现实反映。

近年来，金科公司持续深化金融为民服务，坚持金融取信于民、造福于民。在消费金融领域，充分运用"大模型+知识+服务"的新型终端分期购平台，实现对客保障"服务优"，用户参数深度学习"风险可控"，让用户分期购更便捷、更安全。基于移动数据优势打造信用卡业务，联合39家银行推出多项分期优惠活动，让广大用户畅享优质银行权益与购机直降优惠。在产业链金融领域，创新打造中国移动保证金管理平台，累计为3.2万家商户提供高效便捷电子保函等"一站式"服务，为1.5万个招采项目提供超51.7亿元的资金担保，助力中小微企业纾困解难、降本增效。联合头部金融机构，提供纯信用、非确权担保金融服务，为超9万家企业解决资金难题，实现授信规模近180亿元，进一步彰显金融为民担当，不断满足人民群众多样化的金融需要。

值得一提的是，金科公司协同江西公司打造的"5G新通话防诈权益包"产品，为用户构建了"通话安全+防电

◎ "5G新通话防诈权益包"首例理赔案例获好评

[①]《中央金融工作会议在北京举行》，《人民日报》2023年11月1日。

信诈骗"的保障体系。就在 2024 年 9 月,金科公司第一时间为一位被电信诈骗 6.3 万元的江西上饶市民,也是该产品的用户,提供了 5 万元的保险理赔。电诈险首例理赔案例充分展现国资央企以科技创新提升金融服务质量和效率的责任与担当。

二、服务实体:融合创新,助力发展

水无处不在,金融相伴始终。习近平总书记在 2023 年中央金融工作会议上要求"做好科技金融、绿色金融、普惠金融、养老金融、数字金融五篇大文章"[①]。这一重要部署,是新时代新征程上金融服务实体经济高质量发展的根本遵循和行动指南。

经济是肌体,金融是血脉。金科公司始终坚持以金融服务实体经济为己任,聚焦主责主业,努力为实体经济发展提供更高质量、更高效率的金融服务。

在科技金融方面,坚持金融赋能科技,基于金融行业大模型底座,解决可信人脸认证"卡脖子"问题,活体检测准确率达到行业顶尖水平。围绕科技产业创业和需求,打造信用借贷产品,为实现高水平科技自立自强注入金融"活水"。在绿色

◎ 金科公司在乡村推广普惠金融服务,助力乡村振兴

---

① 《中央金融工作会议在北京举行》,《人民日报》2023 年 11 月 1 日。

金融方面，聚焦绿色交通，加大通卡合作，探索构建出行碳积分运营体系，推动31省（区、市）330余城"和包出行"互联互通，138城同卡同权，覆盖规模保持行业第一。在数字金融方面，积极探索基于SIM卡的金融科技服务，做强以和包为载体的自有支付体系，大力推进数字身份、数字货币等金融科技服务创新和规模发展，打造服务实体经济新模式。在普惠金融方面，坚持金融惠民，创新"移动惠享"金融服务模式，大力实施乡村金融数智化工程，为141万户农村客户提供信用购、号码借、商户贷等普惠金融产品，帮扶销售额近3.4亿元，助力乡村生产生活稳定、产业兴旺。在养老金融方面，积极参与第三支柱养老保险，聚焦健康养老打造移小保会员权益，丰富养老保险产品供给，保障银发族美好生活需要……

三、金融风控：智能监管，守护安全

党的二十届三中全会提出，"完善金融监管体系，依法将所有金融活动纳入监管"。加强和完善金融监管、提升金融风险防控能力，是促进金融高质量发展、建设金融强国的关键举措。

◎"九天"金融风控大模型在服务主业发展中的应用

随着金融科技的不断发展，通过大数据风控、智能监管等技术手段，不断提升金融风控的智能化和精准化水平，有效防范金融风险的发生，是金融发展的保障和底线。

在防范"假脸"攻击上，针对不法分子经常用高仿面具、AI换脸

模型等冒充他人身份的情况，金科公司专门组建"党员+专家"的攻坚团队，充分发挥公司金融背景、支付数据、人脸图像等方面的资源优势，凭借高安全模型、防御系统、防御策略、亿级数据集，推出"九天"金融风控大模型，自研炫彩活体检测能力，解决可信人脸认证的痛点，达金融支付级安全水平。

在提升"反欺诈"能力上，"金融科技大数据"青创先锋工作室以青春和科技为力量，自研御瞳风控系统，在支付欺诈、营销套利、商户智审等领域累计上线风控规则470余条，拦截可疑交易100余万次，使黑产意图探查从"亡羊补牢"走到"未卜先知"，实现金融风险对抗前移。

金科公司充分发挥中国移动基础网络建设经验优势，以实际行动为金融风控领域构筑新屏障，促进数据安全可信流通，真正解决数据融通中的隐私和安全顾虑，为亿万人民的安全保驾护航。

国家兴衰，金融有责。金融是"国之大者"，关系中国式现代化建设全局。金科公司始终坚持党中央对金融工作的集中统一领导、坚持以人民为中心的价值取向、坚持把金融服务实体经济作为根本宗旨，在潮起金融中，找准金融助力经济社会发展的着力点，以高质量金融服务打造"通信+金融"生态圈，让金融"活水"精准滴灌实体经济沃土，以"数智金融之楫"激荡"产业升级之潮"。

▲（文/图 陈小雨）

移动血脉，青年见证、青春传承

以习近平同志为核心的党中央立足新时代新征程，赋予了国有企业"三个总""两个途径""三个作用"的使命任务。在勇担科技强国、网络强国、数字中国主力军使命、深化落实"一二二五"战略实施思路、全面构建"高标党建"工作格局、全力构筑创世界一流"力量大厦"过程中，党建、创新、服务已深深融入中国移动血脉。中国移动集团直属团委（以下简称"集团直属团委"）团员青年从自身经历和岗位职责出发，以总部青年的视角、用总部青年的声音，生动呈现中国移动全面深化党建引领、融入国家科技创新大局、用心用情做好心级服务的火热实践，以及在算力网络、大数据、5G应用等方面的重要突破，侧面展现公司取得的"三个全球第一""四个全球领先"等显著成绩，引领凝聚广大移动青年传承移动血脉，为公司改革发展贡献更大青春智慧和力量。

习近平总书记强调，广大青年要坚定不移听党话、跟党走，让青春在全面建设社会主义现代化国家的火热实践中绽放绚丽之花。在公司转型发展过程中，集团直属团委的青年代表们，既是见证者，更是奋斗者、传承者。移动青年始终坚信，青春由磨砺而出彩，人生因奋斗而升华。

◎ 总部青年亮相首场"新动力量"宣讲报告会

◎ 总部青年亮相"新动力量"高质量发展专场宣讲报告会

一、党建，引领传承红色通信基因

习近平总书记指出："坚持党的领导、加强党的建设，是我国国有企业的光荣传统，是国有企业的'根'和'魂'，是我国国有企业的独特优势。"[1] 脱胎于中央军委三局，始终流淌着红色血液、传承着红色基因……在集团公司党建工作部的团员青年们看来，红色，始终是中国移动的鲜明底色。而党建，让这抹"红"底色更足、成色更亮。

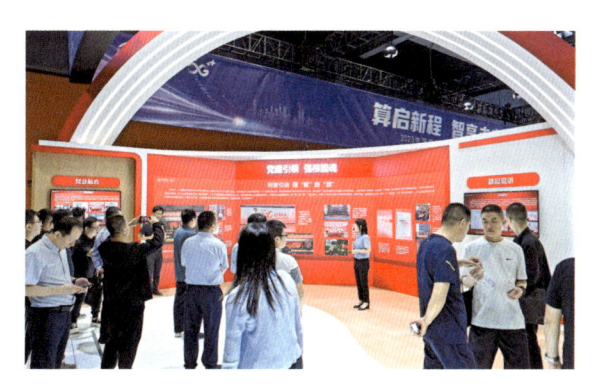

◎ 全球合作伙伴大会设置党建专区，讲好以高质量党建引领保障高质量发展的典型经验

多年来，中国移动把坚持党的领导、加强党的建设作为"根"和"魂"，打出了一套全面加强党的建设的"组合拳"。制定实施两轮党建工作三年规划，精心打造"两和""领题破题、合力攻坚""共建提升""最美移动人""智慧党建"等一系列党建品牌，在重要项目攻坚和重大通信保障中，党员突击队、青年突击队发挥的作用越来越大！全集团上下经营和党建同部署、共推进的力量越来越强！来公司调研党建的上级领导、来交流学习的兄弟央企，甚至合作伙伴也越来越多！"一流企业""高标党建"成为大家口中的年度热词。党建，真正"立起来"了！如今，中国移动"高标党建"工作格局加快构建，党的

---

[1]《习近平在全国国有企业党的建设工作会议上强调　坚持党对国有企业的领导不动摇　开创国有企业党的建设新局面》，《人民日报》2016年10月12日。

政治优势、组织优势持续转化，高质量党建引领保障高质量发展的作用充分发挥，正持续深入为全面建设世界一流信息服务科技创新公司提供坚强保障。

二、创新，深深融入中国移动血液

科技是第一生产力，人才是第一资源，创新是第一动力。党的十八大以来，习近平总书记高度重视创新发展和青年创新人才队伍建设，强调"必须把科技创新摆在国家发展全局的核心位置"，"把培育国家战略人才力量的政策重心放在青年科技人才上"。多年来，中国移动主动融入国家科技创新大局，不断提升科技创新能力和水平，着力锻造网信领域"大国重器"，持续推进科技创新和产业创新深度融合，不断加强企业主导的产学研深度融合，以高水平科技创新支撑引领高

◎ 举办"梧桐杯"大数据创新大赛，激发数据要素潜力、青年创新创业活力

质量发展。

国家有需要、公司有担当，科创青年自当有作为。公司"力量大厦"战略最新一轮调整中，更加突出了"科技强国"的使命。技术部的部门名称变成了科技创新部。在集团公司科技创新部的团员青年看来，这些变化贯通了"大我"和"小我"。立足央企"三个作用"勇担国家赋予的责任与使命，坚持"四个面向"攻关国家急需解决的痛点与难点，集团公司科技创新部的团员青年们夜以继日、不懈奋斗，落实"BASIC6"科创计划、"AI+"行动计划、"两个新型"升级计划，努力当好公司转型生力军、科创突击队，全力助推公司向着新时代、新定位、新征程坚定迈进。

汇聚人才、成就人才，跨越式见证人才队伍华丽蜕变。集团公司人力资源部的团员青年们正在骄傲地见证着，越来越多高素质高学历"金种子"，在中国移动的沃土上结出世界一流科技创新的"金果子"。在红色通信摇篮中孕育、在壮阔的通信历程中成长，从1G空白到5G引领，中国移动的人才队伍紧随事业的需要，实现了一次次华丽的升级蜕变。曾经，移动青年带着不服气、不甘心，远赴欧美日韩取经学习，从国外运营商引进他山之石。如今，中国移动带着硬实力、高姿态，在世界前沿建立中国标准、发出中国声音，绽放科技自立自强的风采。从传统的移动通信工作者，到承担国家重大专项的战略科学家，中国移动人才培养硕果累累、人才形象实现全面升级。从"邮电四校"作为引才主场，到放眼全球广纳英才，海外引才不断突破，"金种子"计划"神仙打架"，中国移动不断打造人才集聚强磁场、人才雁阵大格局。首席科学家、首席专家、技术总师、卓越工程师，尽显科技报国精神底色；"九天"大模型、"破风"芯片、全球首颗6G卫星，无愧"大国重器"使命担当。新时代新征程上，中国移动正在谱写网信领域国资央企人才新篇章，为建设国家高水平人才高地贡献更大的移动力量！

我们对大数据探索的一小步，都将成为国家技术积累的新高度。当前，中国移动梧桐大数据平台日采集量达到了 5.5PB 数据，相当于 4K 的电影 24 小时连续播放 15 年，数据体量稳居全球运营商第一！对信息技术中心的团员青年们来说，国家队、大舞台，IT 青年就是要把自己的梦想，融入国家高水平科技自立自强。我们争当大数据核心技术攻关主力军，深入挖掘超大规模数据资源，先后承担国家级科创任务 17 项，获评工信部人工智能数据处理任务"链主"。首创数据空间广域互联的"数联网"，成为国家数据基础设施主流技术标准之一。我们抢占"人工智能+"发展制高点，全力建设高质量数据供给和管理平台，沉淀数万亿 Tokens 的高质量行业数据集，为大模型的研发与应用提供了坚实有力的支撑；推出全球首个基于通信数据的出行大模型，参数量达 10 亿级，获评信息社会世界峰会（WSIS）最高项目奖、2024 年人工智能向善全球峰会杰出案例奖、国际电联和世界人工智能大会最佳人道人工智能奖。我们加速"数据要素×"融千行赋百业，先后面向政府、金融、文旅等九大行业，形成大数据产品及解决方案 170 余项，多次受国务院联席办、工信部、公安部致信表扬，先后斩获团中央"全国优秀青年突击队案例"、2024 中国 ESG 卓越实践案例等荣誉称号，为推进中国式现代化发展注入移动青年力量。

三、服务，永远是中国移动的 DNA

习近平总书记指出："要适应人民期待和需求，加快信息化服务普及，降低应用成本，为老百姓提供用得上、用得起、用得好的信息服务，让亿万人民在共享互联网发展成果上有更多获得感。"① 中国移动始终牢记为民服务初心使命，深入贯彻以人民为中心的发展思想，深化全方位、全过程、全员的"三全"服务体系，

◎ 守护通信网络"生命线"，保障人民群众生命财产安全

不断提升网络、产品、触点质量，为客户提供愉悦美好、智慧便捷、安全可信、热忱贴心的服务，不断为客户创造价值、赢取"人心红利"。

把满足人民群众对美好数字生活的需要作为全部工作的出发点和落脚点。在中国移动客户服务条线团员青年看来，从20年前的"沟通从心开始"，到现在的"心级服务　让爱连接"，中国移动让客户畅享移动通信美好生活的初心未曾改变。在教育资源相对落后的大凉山，中国移动通过云视讯让当地的彝族孩子们可以和教育资源更丰富的学校进行视频连线，帮孩子们打开知识世界的大门；让外出务工的父母也可以看到孩子们的笑脸和进步，见证他们的成长。在西北边陲新疆帕米尔高原，中国移动为当地老人提供线上线下适老化服务，照顾到快时代的慢人群，让老年人享乐数字新生活；中国移动爱家服务帮远在异地的子女解除后顾之忧，让他们可以实时掌握家中老人的情况，把家带在身边，让爱随时陪伴。服务不仅是温情的、动人的，也可以

---

① 习近平：《在网络安全和信息化工作座谈会上的讲话》，《人民日报》2016年4月26日。

是"科技范"的。前不久，中国移动将"九天"大模型和虚拟数字人融合，推出了AI智能助理——"灵犀"，为客户提供专业化的通信、办公、家庭等专属服务，打造客服体验新标杆。"固守服务恒心，突破砥砺前行"，永不停歇。

做通信网络守护者，为优质网络保驾护航。从极光绚丽的漠河北极村，到碧波滚滚的南沙群岛，从迎接第一缕晨光的抚远，到白雪皑皑的雪山之巅，在集团公司网络事业部团员青年看来，中国移动网络无处不在，无所不能！2020年，新冠疫情，前辈们坚守岗位，加班加点，支撑火神山、雷神山医院建设；2021年，"郑州特大暴雨"，翼龙无人机千里驰援，不计成本，及时保障灾区人民通信；2024年，中国移动已经搭建了"空天地"一体应急通信网络，为防汛保通信提供坚强支撑，彰显央企担当。同时，中国移动也在努力建设一张充满高科技感的"自智网络"。关键技术实现自主研发攻关，摆脱厂家依赖。网络能力持续提升，逐步实现"自配置、自修复、自优化"。碳基生命与硅基数字员工联手，提供最优质网络护航。在2023年工信部评测中，中国移动在全国前20个超大型、大型和中型城市中的网络质量，实现了断层式领先。2024年，中国移动的成果又在信息社会世界峰会（WSIS）上获得了最高项目奖。初心如磐、使命在肩！从网络发展的旁观者、见证者，到参与者和建设者，网络青年也从追梦者变成圆梦人。未来，网络事业部的团员青年们将继续砥砺前行，为公司高质量发展贡献更大的网络力量。

在市场人眼中，青春是有价的。因为市场人要让流量搭上"青春"的快车，进而创造价值：让帅哥靓女能在王者峡谷里无忧驰骋，让银发老人能畅玩快手抖音，梦回青春！青年市场人在"动感地带"的氛围中长大，凭借"互联网原住民"的敏锐嗅觉，洞察市场、优化策略、打造新兴产品。核心就是一句话：我懂你！2019年正值5G发展元年。6年前，5G尚在起步阶段；6年后，超六成客户用上了5G终端，月均流量提升近4倍。这既是时代赋予的红利，更是青年市场人拼搏奋斗的成果。家庭、政企、新兴市场从无到有，5G赋能千行百业，HBN收入占比由6年前的23%提升至47%。未来，移动青年将踏着四轮驱动的风火轮，继续一路疾行！

一代人有一代人的长征，一代人有一代人的使命。当代青年生逢盛世，肩负重任、责重如山。总部青年将坚定不移听党话、跟党走，自觉肩负科技强国、网络强国、数字中国主力军使命，争做有理想、敢担当、能吃苦、肯奋斗的新时代好青年，奋力跑好传承移动血脉的历史接力棒，为加快建设世界一流信息服务科技创新公司贡献更大青春力量，奋力书写为中国式现代化挺膺担当的移动青春篇章。

▲（文／图 孙 鑫）

第五篇

红色传承耀初心

红色通信传承初心,"新动力量"璀璨新生。从"半部电台"到"人民邮电为人民",从"革命鲁班石"到"大国重器",红色通信始终都是党和国家事业的"顶梁柱"。中国移动牢记初心使命,始终坚定信念追随党,胸怀大局勇担当,争做科学的千里眼顺风耳、创新的主力军排头兵。本篇章汇聚中国移动关于红色通信精神方面的优秀作品,重现红色通信关键时点、历史事件和故事细节,沉浸式宣讲中国移动人牢记红色通信初心、勇担强国复兴使命、聚力破解发展难题的实践故事,彰显"为国奉献、为民服务,听党指挥、信念坚定,崇尚科技、创新求索"的精神信念!

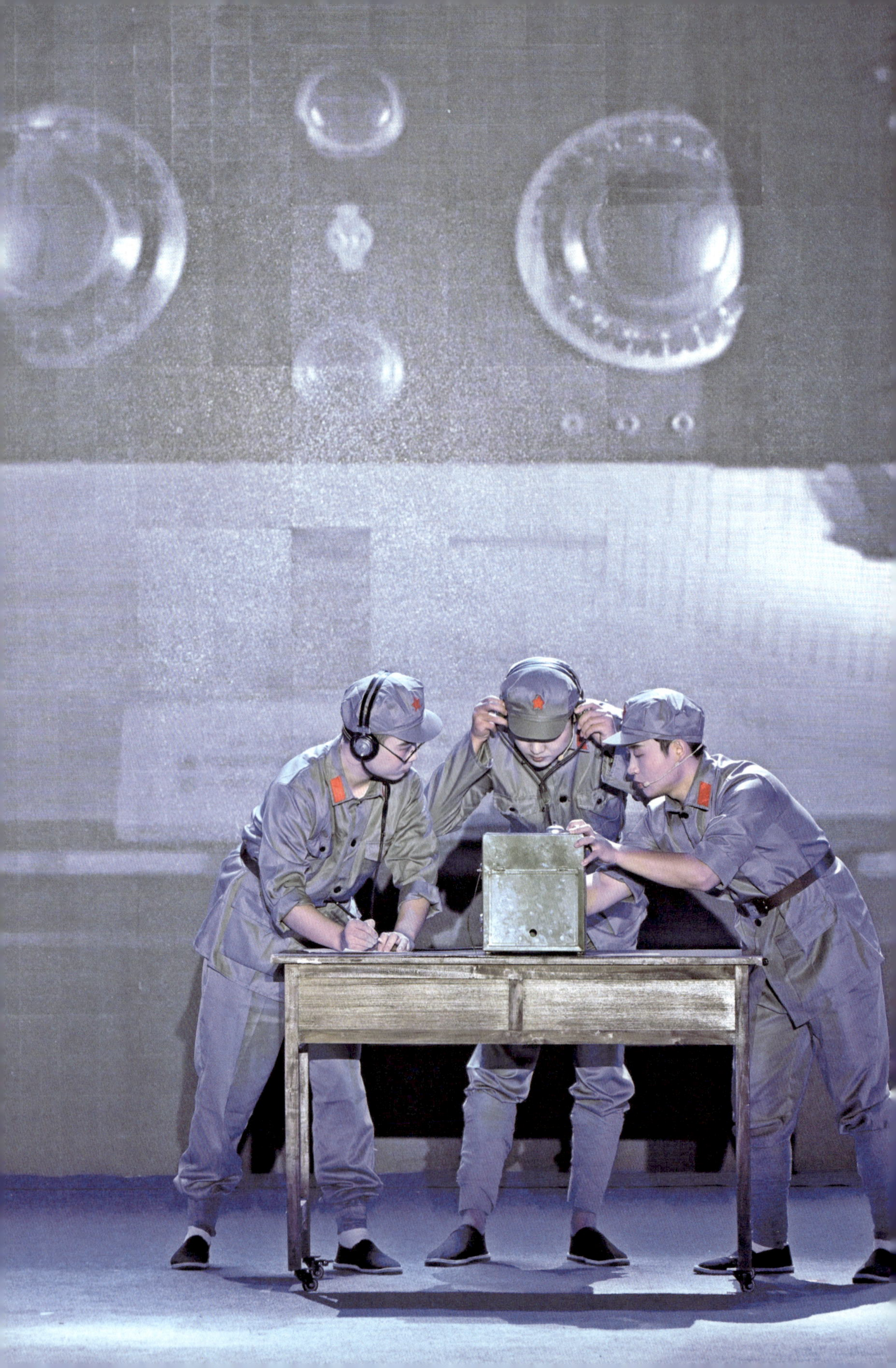

激荡的电波

弥足珍贵的半部电台,镌刻着初心使命;带着硝烟的火线电报,见证了烽火征程;担当重任的"革命鲁班石",承载着通信战士的誓言。《激荡的电波》舞台剧展现了红一方面军在第一次反"围剿"龙冈大捷中,用缴获的"半部电台"截获敌军军事电文,成功赢得第二次反"围剿"的胜利,从此开辟了我红军通信事业的故事,并还原毛主席亲自打造的"鲁班石"精神,激励广大通信战士做好革命工作的"鲁班石"。红色电波,薪火相传。咪咕公司作为"兼具运营商特色和互联网特点的数字内容平台科技创新公司",作为"数字中国、科技强国、文化强国的新媒体国家队""中国移动转型升级、改革创新的生力军",必须始终心怀"国之大者",不忘共产党人的初心使命,铭记红色通信的历史传承,发挥好"三个作用",不断创造人民群众向往的美好数字文化生活。

▲(文/图 陈 琳 杨 振)

◎ 通信战士席地而坐倾听"革命鲁班石"的故事

◎ 革命战士斗志昂扬,在血与火中前行

重　担

　　我在，电台在！我不在，也要让红色的电波永不停歇……四川是红军长征三大主力经过地域最广、行程最远、时间最久的省份，宣讲围绕"一肩挑重担，一路向阳生"主线，追随红军长征爬雪山、过草地的足迹，以情景剧形式，生动形象地再现了通信兵用扁担挑运电台、用生命保护电台，克服重重困难，全力保障长征途中通信畅通的感人故事。该剧充分展现了通信兵把党和人民的根本利益看得高于一切，不怕任何艰难险阻，不惜作出一切牺牲，始终听党话、跟党走的铁血丹心，激励着新时代移动通信人坚守"人民邮电为人民"的初心使命，坚定争创世界一流信息服务科技创新公司的斗志信念，在以中国式现代化全面推进强国建设、民族复兴伟业的新征程上勇挑重担、砥砺前行！

▲（文／图　李丽娜　熊乙锦）

◎ 传承重担，责任在肩

◎ 同挑重担，一路向阳

科学的千里眼顺风耳

科学的千里眼顺风耳，创新的主力军排头兵。宣讲采取情景剧的形式，运用"现代人讲述+剧中人演绎"的古今对照模式，穿插《山丹丹开花红艳艳》《军民大生产》《东方红》等陕北民歌，演绎通信兵自力更生、艰苦奋斗，与老百姓一起参加大生产运动的火热氛围，情景重现中央军委三局在延安克服外界重重封锁，因地制宜、探索创新、发展壮大，自主装配无线电台的历程，展示中央军委三局创建"八台八网"、新华广播、气象网、通信材料厂，技术赋能千行百业，成为创新发源地、科技大后方的成就，并通过毛主席的题词"你们是科学的千里眼顺风耳""发展创造力，任何困难可以克服，通讯材料的自制就是证明"，点明以中央军委三局为代表的通信战线源远流长、传承至今，仍在不断发扬光大的创新特质。

▲（文／图　常卫强）

◎ 毛主席的题词"你们是科学的千里眼顺风耳"激励着一代代通信人

◎ 情景重现中央军委三局自主装配无线电台的历程

护航大国路

通信护航，数智领航。宣讲以开国大典为引子，以北京国际电台中央发信台为背景，共分为"长夜破晓，照亮中国梦""通信护航，点亮大国梦""数智领航，闪亮强国梦"3个篇章，重点凸显通信行业特别是中国移动在落实中央重大决策部署、保障国家重大项目中发挥的关键作用。通过移动人在冬奥保障、通信重保等大战大考中勇担网信领域中央企业的职责使命，在高质量发展中担当科技强国、网络强国、数字中国主力军的生动案例，展现一代代移动人传承和发扬红色通信精神，在艰苦的条件下拼搏奋进、砥砺前行的初心使命和秉承红色基因、护航大国梦的坚定信念，彰显一代代移动人向着数智生活的美好、向着信息科技的未来，破晓、领航、前进的必胜决心。

▲（文/图　张晓涵）

◎ 展示移动人在冬奥保障、通信重保等大战大考中的故事

◎ 北京国际电台中央发信台承担了南极科考通信保障任务

时代的通信战士

1987年,"神州第一波"从广州西德胜基站传出,拉开了移动通信在神州大地上的发展序幕。通信战士一茬接着一茬干,永不消逝的"红色电波"在新时代的伟大征程中,幻化为如今智慧通达、安全泛在的"数智之网"。宣讲依托自然语言处理、计算机视觉等AIGC核心技术,通过AI智能算法,将静态、黑白的文本数据转换为连贯、鲜活的动态视觉叙事,用科技之手续写《通信战士》赓续传承的时代新篇。中国移动"新动力量"数智宣讲员春沐宣作视频宣讲串联,带领我们重温那"移"段燃情的奋斗岁月,生动呈现中国移动秉持红色通信初心,勇担科技强国、网络强国、数字中国主力军的一幕幕高光时刻,抒发移动人踔厉奋发、继往开来的豪情壮志。

▲(文/图 刘轩圻)

◎ 中国移动"新动力量"数智宣讲员春沐宣在 AI 视频中亮相

◎ 以 AI 科技之手,续写《通信战士》赓续传承的时代新篇

碗里的梦

"红军碗"见证共圆中国梦，移动人科技报国建新功。宣讲作品聚焦传承红色通信基因，从革命老区孩子的视角，以写作文为引子，以一个"红军碗"为载体，融入中国移动科技赋能乡村振兴、服务社会民生、助力推进中国式现代化建设的生动实践，浓缩演绎了在中国共产党的领导下，几代中国人接续奋斗，实现从"饿肚子"到"吃饱饭"再到"吃好饭"，以至极大丰富人民群众物质生活和精神食粮的真实故事，折射了近代以来中华民族"站起来""富起来""强起来"的伟大历程，启迪我们投身到端稳中国人"饭碗"的每一项事业、每一项工作中，因为"中国梦，少不了每一个中国人的奋斗"。

▲（文/图 涂 勇）

◎ 微电影《碗里的梦》剧照

◎ 微电影《碗里的梦》剧照

AI 赋能，闪耀初心

红色资源是宝贵的精神财富，是坚定理想信念、锤炼党性修养的生动教材。为了赓续红色血脉、传承优良传统，中国移动党校始终坚守"央企姓党、党校姓党"根本定位，依托 AI+ 等数智技术手段，打造了红色通信历史学习教育新阵地——AI 红色通信馆。AI 红色通信馆包括 3 个篇章，第一篇章"传承红色通信基因　继承人民邮电传统"，第二篇章"守护人民电波　不忘人民邮电初心"，第三篇章"续写神州第一波　聚力争创世界一流"，系统完整地呈现了红色通信事业从无到有、从弱到强的恢宏篇章。中国移动党校将坚守红色通信初心，坚定不移推进数智化转型、高质量发展，为全面建设世界一流信息服务科技创新公司贡献智慧力量。

▲（文/图　葛　朔）

◎ AI 红色通信馆 VR 浏览画面

◎ 红色通信精神依托数智科技熠熠生辉

心连接，近民心

中国对外开放的大门越开越大，对外合作的"朋友圈"越来越广。为更好服务对外开放，中国移动着力打造出入境服务"窗口"，用"心级服务"满足出入境群众通信需要，担当好大国央企民心相通的桥梁纽带。宣讲以直播形式开展，由来自生产一线的"新动力量"宣讲员带领广大网友走进中国移动"10086"国际服务一线，近距离体验国际化服务能力，并通过国际业务讲解、一线人员访谈、数智化能力演示等相结合的方式，讲述用心用情用力守护出入境服务"窗口"、做好重大外事活动服务保障的移动故事，解码高质量对外开放背后的服务保障力量，为内外部受众呈现中国移动"办人民满意的服务企业 创世界一流的服务标杆"的生动实践，增强"争创世界一流"的发展信心。

▲（文/图 岳 盛 袁晓宇）

新动力量创一流·中国移动基层宣讲优秀报告集

◎ 开展"新动力量"解码宣讲直播活动

◎ 一线客服介绍国际服务能力

本书编写组

组　　长　王利民
副组长　张　利　卢小山
统　　稿　徐晓杰
成　　员　徐林涛　张　璟　袁腾飞　胡智勇　常卫强
　　　　　施乐嫒　谷兵生　陆璐嫒　程　飞　黄晓薇
　　　　　马　锐